地势坤，君子以厚德载物。

极简西方哲学史

THE
GREAT
PHILOSOPHERS

[英] 杰瑞米·斯坦格鲁
[美] 詹姆斯·加维 / 著
钱峰 / 译

JEREMY STANGROOM　JAMES GARVEY

北京联合出版公司
Beijing United Publishing Co.,Ltd.

图书在版编目（CIP）数据

极简西方哲学史 /（英）杰瑞米·斯坦格鲁，（美）詹姆斯·加维著；钱峰译 . — 北京：北京联合出版公司，2018.10

ISBN 978-7-5596-2485-7

Ⅰ . ①极… Ⅱ . ①杰… ②詹… ③钱… Ⅲ . ①西方哲学 - 哲学史 Ⅳ . ① B5

中国版本图书馆 CIP 数据核字（2018）第 212371 号

著作权合同登记　图字：01-2018-5546

极简西方哲学史

作　　者：（英）杰瑞米·斯坦格鲁
（美）詹姆斯·加维
责任编辑：刘　恒

北京联合出版公司出版
（北京市西城区德外大街 83 号楼 9 层　100088）
河北鹏润印刷有限公司印刷　新华书店经销
字数：200 千字　880 毫米 ×1230 毫米　1/32　印张：9.25
2018 年 12 月第 1 版　2018 年 12 月第 1 次印刷
ISBN：978-7-5596-2485-7
定价：42.00 元

目录

引 言

— 哲学究竟是什么 —

谁也说不清楚哲学是什么。或许在这本书的开头说这样的话容易引发焦虑，但是至少这是句实话。关于哲学是什么，有三种看法，至于哪种看法是正确的，并没有达成广泛共识。因此，有必要对这三种看法都做考查。

有人认为，哲学最好的定义就是其抽象的主题。传统意义上的哲学主要是为了解决三大问题：什么是存在？我们是怎么知道的？又打算怎么做？要想解答这些问题，需要掌握方方面面的知识，包括研究存在本质的形而上学，研究认识事物所需条件的认识论，以及旨在探讨为何应当过道德良善生活的伦理学。上述三个问题显然属于人类的大问题，人类难免会在某个时候考虑这些问题。伟大的思想家会翻来覆去地思考这三个问题，并最终得出哲学的定义。

也有人认为，任何事物都可以哲学化，哲学最好的定义是它是某种特定的方法。这种方法主要包括认真而系统地思考、解释所得出的结论，并将结论清晰化。关于什么是对错，人人都有各自的判断，但是如果能够明确、合理地解释自身的看法，这种看法就成了哲学。

还有人认为，哲学是一种生活态度、生活方式。这种生活方式的独特之处在于，它对事物持批判性态度，不会随意接受他人的看法，而是会做进一步思考。不止一位伟大的哲学家因此而陷入麻烦，此处以苏格拉底为例。他认为，未经审视的人生不值得一过。他不但是这么想的，而且为此付出了生命。很多人认同他的观点，认为“哲学”这个词的字面意思是“爱智慧”，属于一种生活方式，而不是方法或一系列问题。

支持上述任何一种看法的人都能在本书中找到持同类观点的代表人物。当然，上述三大问题的答案引发了许多关注，哲学独特的方法和哲学家的人生同样备受关注。有关这两方面的认识也存在无法调和的矛盾：认为哲学属于特定方法的人发现本书目录中有尼采和黑格尔后一定会非常恼火，支持哲学的特征是抽象的主题的人看到目录中有马基雅弗利时很有可能会大吃一惊，而将哲学看作生活方式的人则会纳闷培根和海德格尔怎么也在目录中。

尽管如此，本书的内容前后并不矛盾。我们很难解释清楚哲学是什么，但是它很容易识别。维特根斯坦指出，一些术语之所以能帮助人们辨认事物，靠的并不是其严格的定义，而是它们具有家族相似性。也许家庭相册中家族成员的鼻子不会都像祖父的那么好看，但是人们却很容易看出他们是一家人。伟大的哲学家也一样。哲学已经发展了两千多年，在这么长一段时期内，如果所有哲学家的想法都一样，那简直是个奇迹。

本书追溯了哲学发展历史长河中重要时期涌现出的伟大思想。其中介绍了提出西方最早的哲学理论的思想家，整个西方哲学史在很大程度上受益于这些古希腊和早期古罗马的哲学家。你会了解到他们关注的问题是如何变成后继者的关注焦点的，他们给出的答案是如何影响当代哲学的。中世纪哲学思想出现了，将古代哲学家关注的问题延续至文艺复兴时期的哲学家，同时增加并强调了宗教因素。书中也呈现了现代人的想法，即由笛卡儿引领的现代哲学思想大爆炸。理性主义和经验主义创始人与代表人物的心声也在书中得到了表露，怀疑论者提出的模糊结论也有介绍。

谢天谢地，哲学的历史仍在延续。你会在本书中看到促成当代哲学思想的一些想法，或许还能发现当代哲学的发展趋势。不管哲学到底是什么，它必定仍在继续发展。本书概述了当代哲学学科，以及其背后的历史。

通常，这类书的引言往往会为内容的片面性致歉，称由于篇幅有限，无法在书中全面地概括那么多伟大哲学家的思想。也有些书的引言因为只介绍了其中一些哲学家，没能介绍其他人而致歉。不过，本书引言并没有因为诸如此类显而易见但又不可避免的实际情况而向读者致歉。事实上，致歉有用吗？本书的目标读者是买书之前就对书中内容了如指掌的明智人士。如果说这本书不能算是有关伟大哲学家的定论，那么它必定会提出很多这方面的有用观点。书中每一章中都列举了一些著作，供渴望进一步研究哲学的读者参考。不过，那些著作中也没有提出有关哲学的定论。

不管你怎样看待哲学，也不管你认为哲学是什么，本书向读者讲述了哲学领域最伟大的思想家的一些人生与思想故事，还认真而理性地诠释了最具人性的问题、最难解答的问题，以及最关键的问题。

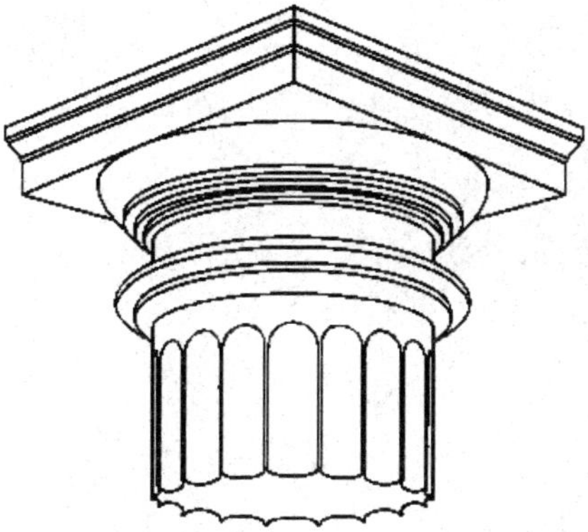

PART 1

奠 基

从古代到中世纪

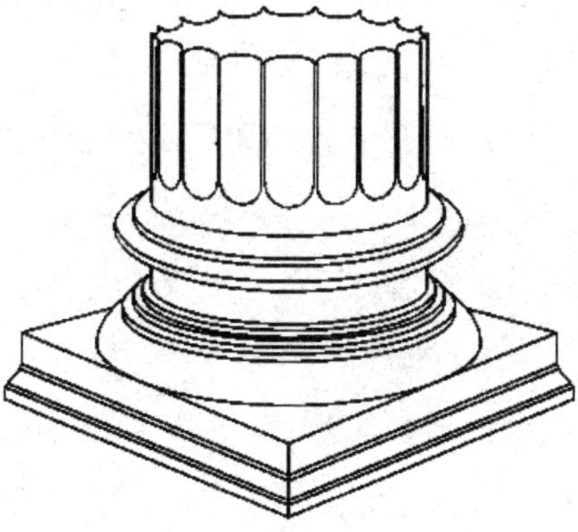

第一章 苏格拉底的巨大影响

——我只知道一件事，就是我什么都不知道！

苏格拉底（公元前 469—前 399），他对西方哲学产生的巨大影响难以估量。众所周知，苏格拉底是柏拉图青年时代的导师，而柏拉图的著作对整个西方思想界产生了深远、持久的影响。

令人恼火的是，世人也许并不了解苏格拉底真正的思想。苏格拉底一生或许没写过哲学著作，至少目前找不到这方面的资料。所谓的“苏格拉底问题”在于，我们并不清楚苏格拉底的信仰是什么——目前尚不能确定他知道些什么。他甚至还否认自己是老师。因此，我们虽然知道他颇具影响力，但是并不清楚他究竟产生了哪方面的影响。这种情况真是让人气恼。

据说，苏格拉底的母亲是助产士，父亲是石匠。虽然他晚年穷困潦倒，但是童年时期家里好像比较富裕。他曾经当过雅典军队的重装步兵。那时，士兵需要自带装备，所以说至少在那个时候他拥有一定财产，足以买得起作战的装备。不管苏格拉底到底是怎样谋生的，他靠的肯定不是长相。很多资料都这样描述他的长相：塌鼻子、厚嘴唇、矮胖子，一双球状的眼睛很机敏。他好像并不怎么注重仪表。众所周知，他酒量大得惊人。

如果说吸引我们的不是他的生活，而是他的观点，那么他只有三个竞争对手。苏格拉底的哲学思想只有三条合理的信息来源，与他同时代的只有三名作家记录了他的相关信息，其中一名是喜剧诗人阿里斯托芬。他给苏格拉底画了一幅搞笑的肖像画，堪称对当时雅典重要哲学家和知识分子的讽刺画。另一名作家色诺芬关于苏格拉底的著作留存了下来，但是他笔下的苏格拉底无非是提出了大量乏味的格言——令人好奇的是，这样一个人（苏格拉底）怎么可能给雅典当局制造那么多麻烦？而事实上，苏格拉底却做到了。还有一个来源是柏拉图的对话录，不过对话录也存在问题。我们将根据惯例，像大多数评论家（不可尽信）那样假定，早期对话录差不多可以如实地反映人们希望了解的苏格拉底的实际观点了。

苏格拉底

（公元前 469—前 399）

新方法

从柏拉图早期的对话录中可以初步了解苏格拉底的一些观点。将苏格拉底的前辈称作“前苏格拉底”显然是有原因的，他的兴趣和巴门尼德、赫拉克利特、阿那克西曼德等人的观点存在着很大区别。苏格拉底并没有思考宇宙学，也没有就绝对事物的本质发表“黑暗声明”。“他是第一个把哲学从天上拉回人间的人。”西塞罗的这句话令人记忆犹新。苏格拉底真正担心的是今生今世，以及怎样才能好好生活。他关注的问题非常实际。

早期对话录

在柏拉图早期的对话录中，苏格拉底通常会和一个或几个人随意交谈。他们的谈话最终会归结到有关美德的本质上去，比如，什么是正义，什么是虔诚，什么是勇气，什么是自制，等等。与苏格拉底交谈的人往往会给出答案。紧接着，苏格拉底会对答案做批判性分析，通常会证明对方给出的答案和他们持有的其他观点不一致，而且这个答案还会引起争议，或者在某个方面缺乏证据。这种模式的询问、回答和审视在希腊语中被称为“诘问法”（elenchus）。苏格拉底很擅长这样做。据色诺芬称，苏格拉底“可以随意对待争论者”。他为什么要使用诘问法呢？关于这个问题有很多种说法。

根据传说，查勒丰曾经问过德尔斐的预言家：有没有人比苏格拉底更聪明？答案是没有，这一点很令人惊讶。苏格拉底听说这事后也很吃惊，于是想证明预言家错了。他去找自称睿智的那些人，问他们一些有关美德的问题，结果却把那些人搞糊涂了。于是，他得出结论，认为预言家在某种程度上是对的。苏格拉底知道自己并非无所不知，而其他人错就错在认为自己无所不知。

苏格拉底与他人的多次交谈和争论的意义不只是打击雅典名人的自信心，我们从柏拉图早期的对话录中确实可以了解到苏格拉底对自身行为的看法。也许苏格拉底在寻求定义。从对话录某些片段可以看出，他似乎觉得只有明确了定义，才能具备所需知识，并做出正确的人生抉择。除非我们知道什么是公正，否则怎么可能做到公正呢？

然而，显然苏格拉底从来没能确定任何概念的定义，不过他并不认为自己的努力付诸东流了。对话录的结尾，苏格拉底并没有表现得垂头丧气、双手抱头、因为自己的无能而唉声叹气。相反，他总是乐观向上，很容易满足，甚至还对肯投入时间和他一同探讨问题的那些人表示感激，表示自己很开心，认为时间花得值。对他来说，与他人共同探寻定义不仅很有价值，而且价值非凡——苏格拉底在临终前说，未经审视的人生不值得一过。不过，如果交谈的目的只在于获取定义，那么就算能反思人生，也算是失败的。这一结论真是令人沮丧，但这个结论未必准确。

得到确切的定义很有可能并非交谈的重点或目的，或许共同探讨本身才是目的，审视问题才是价值所在。换句话说，苏格拉底很有可能认为得到真理并非价值所在，真正的价值在于通过交谈寻求真理的过程。很有可能有人不明白他为什么会这么认为，而有的人则坚称，向同伴灌输对真理的渴望（而不是真理本身）才是重点。值得注意的是，现行哲学体系也是这么做的。大学讲座结束后往往会开研讨会，目的就是讨论问题。会议发言后还有问答环节。和苏格拉底时代一样，如今的哲学仍然属于“集体事业”。或许这也在一定程度上证明了苏格拉底的谈话是很有意义的。

苏格拉底悖论

虽然苏格拉底没能得出任何确切的定义，但是，柏拉图早期的对话录中有一些主题（如果说肯定不是学说的话）反映了苏格拉底的思想。关于所谓的“苏格拉底悖论”有很多简洁的陈述：没有人愿意作恶，也没有人故意作恶；德行即知识；道德不可能出现缺憾。所有这些说法都基于以下思路：好的东西对我们有益，坏的东西以及错误的东西对我们有害。作恶会伤害到我们自身，破坏最有价值的东西——灵魂。没有人渴望得到有害的东西，除非尚未认识到它的害处，或者误以为它有益。因此，所有的恶行都是无知造成的。真正懂美德的人不会有不道德的行为，真正明白对错的人必定会选择正确的行为。事实上，任何恶都是出于无知。

苏格拉底 70 岁高龄时，被指控对雅典的神不虔诚，腐化雅典青年。那么，“任何恶都出于无知”这一观点对于当时的他来说会不会是种慰藉呢？面对指控，要想不去质疑很难。但是，我们能做的不仅仅是质疑。苏格拉底公开承认自己拥有某种神秘的神圣启示（或许类似内心的声音），这种神启警告他不能采取某些行动。他很可能把德尔斐神谕的各项声明当作了神圣使命。以上两种可能性或许在一定程度上可以解释为什么苏格拉底会做出不虔诚行为。

那么，有什么证据表明他腐化年轻人了呢？不难想象，有关这方面的猜测多得很。他周围确实有一群年轻人，其中有很多都是雅典名人的儿子，也有很多是忠诚的反民主党人士。当民主情绪高涨时，这些年轻人不受欢迎的观点很有可能就被归咎于受了苏格拉底影响。

我们可以进一步考量指控苏格拉底者的动机。苏格拉底光天化日之下当众对雅典名人提出一些令他们尴尬的问题，问他们德行的本质，导致他们无比困惑。而且，苏格拉底在质问他们时处处采用了众所周知的苏格拉底式反诘手法，所有这些做法很难让有影响力的人成为他的朋友。很有可能指控者提出指控的意图只是希望他能闭嘴。从柏拉图对苏格拉底一案的审判描述中可以看出，如果苏格拉底答应不再继续那些哲学探讨，就可以不受任何惩罚。但是，这是他唯一做不到的事情。法庭给了他为自己请命的机会，不再处以他死刑，而是由他自己选择惩罚方式。然而，苏格拉底却为法官提供了一次伦理学的启蒙。他认为，要想回报他的善举（即质问是为了提升市民的道德水平，进而提高雅典的道德水平），就应该且只能是要求整个城市的人听他在垂暮之年公开说教。他这样做似乎让法官别无选择，只能判处他死刑。他拒绝了流放机会，喝下毒药并就此丧命。

如果我们不能确切地从对话录中了解苏格拉底的学说或者他的人生，至少可以从中了解到柏拉图对他多么敬爱。不论他这个人究竟怎么样，柏拉图为他作的肖像画充满了爱意。苏格拉底或许相貌平平，但是他的性格却独具魅力：幽默风趣，喜欢交际，辩论水平极高；对知识充满兴趣，愿意在任何时候、任何地方去追寻它；对热衷于获取知识的人非常有耐心，从不愚弄他人；性格古怪；诚实、正直，并因此丧命。

读对话录时，人们很容易被吸引到辩论当中，微笑着，静静地为苏格拉底叫好，目睹他是如何让一些肥胖的雅典阔佬屈尊降卑的；很容易重读他所给答复中难理解的部分，希望能够更好地理解他的意思；也很容易放下书，盯着公共汽车窗外，心想假如回答他的问题时，答案稍有变化他又会说些什么。不难理解他肯定是个好伙伴。假如你当时在那里——头顶着雅典的太阳，聆听他与别人的争论——心灵应该也会被“腐化”。无疑这与柏拉图写作的艺术性有很大关系，但是不得不说，它与苏格拉底本人的个性也有一定关联。

苏格拉底之死

苏格拉底重申了自己对世俗之外那真实存在且永恒不变的真理的信仰，以此来安慰他悲痛的朋友们。

主要著作

苏格拉底没有哲学方面的著作。不过，我们可以参考柏拉图早期的对话录——其中一些片段表达了苏格拉底的观点。下列三则对话录综合表达了苏格拉底的一部分哲学思想，以及他对死亡的态度。只不过，它们的创作日期我们不得而知。

《申辩篇》包含了苏格拉底对腐化雅典青年，以及对雅典神的不虔诚等指控所做的申辩。他在其中还谈到了自己的信仰、信念和当时的生活。

《克里托篇》详述了苏格拉底和朋友克里托之间的交谈，对话中传达了苏格拉底的伦理思想。

《斐多篇》是对苏格拉底临终前感人情景的记录，其中包含了他对不朽、灵魂和死亡的论述。

第二章　柏拉图的对话录与形式论

——许多西方哲学家的理论根植于柏拉图的著作之上。

人们可能会争论谁是文艺复兴时期最出色的画家，也可能会争论谁是最伟大的雕刻家、作家、诗人，以及其他艺术家，但是，如果问到谁撰写了最精彩的对话录，就不存在任何争议了，因为柏拉图（公元前427—前347）在这方面无可匹敌。

确实有一小部分哲学家曾经尝试过写对话录，其中一些对话录具有极大的哲学意义，但是柏拉图的对话录无可匹敌。他能够创作完美的对话录，这很有可能正是他最大的与众不同之处。

显然，从出身来看，柏拉图应该有另一种人生。或许柏拉图本应从政，或者说至少会成为公众人物。据说，他父亲阿里斯顿是雅典最后一任国王的后裔，母亲克里提俄涅是雅典政治家梭伦的亲戚。父亲过世后，母亲嫁给了伯里克利的一位朋友。柏拉图有着贵族血统，家人享有优越的社会关系，家庭也很富有。有资料称，柏拉图的导师苏格拉底受到不公行刑后，柏拉图从此便不在公众场合露面，潜心研究哲学。我们都知道柏拉图和他的一些亲属以及同伴都是忠实的反民主党成员。三十人僭主集团没落之后，雅典不再推崇反民主情绪。因此，柏拉图从政治生活中隐退也可能是因为人们没机会支持他的政治倾向了。究竟是什么原因我们不得而知。

柏拉图（公元前 427—前 347）

早期生活

关于柏拉图的生平，我们知之甚少。他很有可能参过军，在雅典对抗斯巴达的战争中当过铁骑兵。很难想象他骑马奋战的情形，不过，有一点值得铭记，“柏拉图”只是他的昵称，意为“宽阔的”——这里指的是他宽阔的肩膀。所以说，他很有可能真的是个勇士。他的真名是阿里斯托克勒。然而，由于人们一直以来都在用昵称“柏拉图”，因此这个词也替代了他的真名阿里斯托克勒。

我们知道，柏拉图很有可能去过埃及，他也一定去过锡拉库扎。塞内卡人称他晚年时期因四处旅行生了病。但是，究竟是不是那次生病导致他去世还存在争议——这似乎不大可能。我们还知道，他和其他几个人于公元前385年创建了学园，并被公认为第一所大学。

但是，那个学园很有可能和真正意义上的大学并不一样。有研究资料称，那个所谓的“学园”事实上是柏拉图住所的名称。很有可能是他和几位志同道合的伙伴接收了少量学生，对他们进行私人教学。至于柏拉图是否真的在那里讲过课，我们并不清楚——在学园学习长达20年之久的亚里士多德在谈及柏拉图的观点时，只提到了对话，并没有涉及讲座或者讨论。不管怎样，从各方面来讲，他那个地方都和现代意义上的大学不一样，甚至有别于中古时期的大学。然而，该学园历时久远，存续了900年。后来，极力推崇基督教的罗马皇帝查士丁尼认为它属于异教徒机构，下令永久关闭了学园。

有关柏拉图生平的可靠资料非常少，所幸我们能找到他写过的所有对话。对话录通常分为至少三个阶段，但是究竟按什么顺序排列仍然存在争议。苏格拉底在大部分对话中都是主人公。据说，所谓的“早期对话录”主要反映了苏格拉底的思想，不过到了中后期，苏格拉底其实成了柏拉图的代言人。尽管如此，苏格拉底显然对柏拉图产生了深远的影响。柏拉图的很多深刻见解都旨在解决苏格拉底提出的问题，或者说至少是由苏格拉底自身兴趣引发的问题。

界定德行

早期的对话录中记载了苏格拉底探索德行定义的过程，因为他认为，要想采取正义的行为首先必须知道什么是正义。值得注意的是，苏格拉底最终也没找到合适的定义，很有可能柏拉图在中后期著作中一直努力解决的难题就是这个。其他难题与该难题紧密关联，或许也激发了柏拉图的思考。接下来，我们来举几个例子。比如，我们对一般术语“蓝色”的使用。

虽然我们已经在使用“蓝色”这个词了，但是既然我们不能确定究竟什么是蓝色，又是怎样学会运用这个词的呢？我们眼中的一切蓝色与寒冷的、凄苦的，或是微弱的感觉相关。首先得想想，我们是怎样学会运用“蓝色”这个词的呢？

拿已知的蓝色事物来举例，比如我知道我的衬衫是蓝色的。很显然，我们周围的世界每时每刻都在发生变化。那件蓝色的衬衫会一遍又一遍地被洗，它会慢慢褪色，很快就不会像现在这么蓝了。我也可能无心把蓝色衬衫和别的什么容易褪色的衣服一起洗了，假定那件衣服是橙黄色的，这样一来，我那件蓝色的衬衫就不再是蓝色的了。很可惜的是，久而久之，它连件衬衫都算不上了，而是会像其他东西一样归于尘土。这个过程中出现了两个问题：

首先，随着衬衫不断褪色，我们依据什么样的标准才能证明它不像之前那么蓝了呢？衬衫破了之后，看着越来越不像是件衬衫（很有可能更像块破布）时，我们又依据什么标准说明它已经不能算是件衬衫了呢？似乎需要某种亘古不变的准则来解释上述判断。但是，在这样一个不断变化的世界里，什么才能充当这样的准则呢？

其次，似乎已被确定的命题永远都不可能出错。观点当然会发生变化，风行一时的事物也是如此。但是，如果关于某一事物的知识是确定的，那么它永远都保持不变。比如，“二加二等于四”“三角形有三条边”“单身汉指的是未婚男青年”……所有这些命题都是对的，到了明天也不可能变成错的。柏拉图认为，知识超越于这个变幻无常的不完美世界之上。怎么会是这样呢？既然我们周围的一切时刻都处在变化中，那么有什么能够保证知识是固定不变的呢？

理念论

柏拉图的理念论旨在解决上述问题，他得出的结论比较偏激。他声称，独立于思想之外的真正实体是存在的——类似正义、善良、美丽、三角形、蓝色、单身汉等一般概念所表达的事物形式。苏格拉底的谈话确实针对的是真理：定义是存在的，知识是存在的，可以学习词汇，标准有助于支撑判断，这都是因为存在这样一种永恒、稳定、完美、亘古不变以及可以理解的事物（即理念）。我们之所以期待能理解正义，是因为正义确实存在。

虽然在这充满烦恼的人世间找不到正义，却存在与正义相关的行为、人、事件以及法律。这些事物在某种程度上与正义的形式类似，或者说它们具有正义的特征——确实，正是这一点使得所有这类事物实现了公正。永远都找不到完美的正义，只能看到一些朦胧的复制品。不过，通过了解苏格拉底的辩证法或许可以从理性上把握正义，它如今有了所指的对象。任何人都不可能对这个不完美的世界无所不知，但是亘古不变的理念使得我们能够真正理解善良、美丽等事物。针对评价的完美标准也存在着，例如，理解美丽事物的人能够更好地评价世人对美丽的模糊思考。

理念论一提出便受到了大量的争议。不过，它只出现在中期对话录中。柏拉图在后期对话录中还批判了这一理论。反对理念论的著名观点便是“第三人论证”，它的主要观点如下：人世间的美好事物之所以美好，是因为它们具有美好的理念，或者说与这种理念相似。柏拉图指出，美好的理念与美好本身很相似，那为什么不说美好本身与另一种理念相似呢？苏格拉底和米洛都是男性，因为他们与男性这一理念相似。但是，男性这一理念必须也是男性（或者具备男性的特征）的，就好比美好本身也很美好一样。男性这一理念要想变成男性化的难道不需要与第三个男性相似吗？由其引发的倒退非常严重，而且似乎永无止境。

不管理念论是否战胜了“第三人论证”的反对观点，它都出现在了柏拉图的很多则对话中。有人称理念论是柏拉图几乎所有作品的基础理论，虽然这样说很有可能有些过于简单化。他的哲学兴趣非常广泛，着实令人惊讶。他提出了形而上学的观点，设想灵魂的不朽性（因而能涉足理念领域），认为学习是个回忆的过程，还提出了复杂的认识论、数学理论、客观伦理学，非常详细、微妙（甚至有些惹人烦）的政治哲学、社会观、心智理论和方法论。无论哪个哲学小分支，柏拉图至少针对其某个部分提出过观点。

柏拉图的重要性

怀特海有过一句著名评论，称西方哲学传统最可信赖的一般特性就是，“它是由一系列对柏拉图的注脚所构成的”。自提出时起，这一说法就被认为是夸张的，但并不离谱。一些人认为柏拉图有些优柔寡断，比起柏拉图对话录中过多的讽喻，他们更喜欢亚里士多德展开的细致而实际的分析。还有些人稍有怨言，称相比隐喻而言，他们更喜欢论证之美。不管人们怎么评价柏拉图作品的价值，显然他的作品传播面非常广。和柏拉图在 2000 年前创作对话录时的预期一样，如今，人们在读对话录时仍然会不谋而合地微笑、扮鬼脸，表达同意或反对的意见。很难想象如今有谁的作品能在公元 4000 年，也就是 2000 年后仍然备受欢迎。有时候，人们会说，如果说柏拉图生活的那个时代也有类似大学的机构的话，那么无疑柏拉图的著作会成为大学生的必读书。

洞穴之喻：柏拉图的囚犯坐着观看洞穴墙上的皮影戏，并深信他们看到的就是现实。

主要著作

虽然我们能找到柏拉图所有的对话录，但是每篇是什么时候写的，却不得而知。以下是柏拉图一些重要著作的内容简介。

《理想国》无疑当属柏拉图的杰作。它首先探讨了正义的本质，紧接着对政治学、认识论以及其他很多主题进行了扩展。

《会饮篇》不属于对话录的代表作，其主要内容是微醺的宴会上的一系列讲话，而不是像柏拉图大多数对话录中所描述的苏格拉底辩论内容。不过，这篇对话是有史以来最美妙的作品之一。它的主题是爱的本质。

《美诺篇》主要讨论美德、知识以及二者之间的关系。

《巴门尼德篇》是对柏拉图形式论的有趣评论，包含了著名的“第三人论证”。假如想看看苏格拉底是怎样输掉辩论的，这一篇很值得一读。

《泰阿泰德篇》的主题是知识与智慧。它在结尾处就苏格拉底的辩证法提出了指导思想。

第三章　亚里士多德的哲学探索

——他的著作构建了西方哲学的第一个广泛系统。

假如你是柏拉图，即将走到生命的尽头，负责管理一所非常著名的学园，同时在雅典享有声誉，尤其受学生尊崇。你在门口徘徊时，听到有人在小声嘀咕“朗读者”——那个“学园的新首脑”。他们谈论的不是你，而是一位年轻的新贵，这位新贵很有可能只有17岁，名字叫“亚里士多德”。那么，你会为此心烦吗？

柏拉图和亚里士多德（公元前384—前322）之间的关系并没有定论。亚里士多德的父亲是马其顿王室的医生。亚里士多德17岁时，父亲就把他送到了雅典。他在那里进入学园，一待就是20年，一开始是学生，后来成了老师。柏拉图去世那年，亚里士多德便离开了学园——谁也不知道他离开是因为忠于老师柏拉图，还是因为柏拉图没让他来管理学园。不过，我们知道，他通过父亲的人脉去了马其顿，在那里给一个 13 岁的孩子上课，那个孩子后来成了亚历山大大帝。

他在外旅行、学习多年后，回到了雅典，并创建了学园，或被称为“逍遥派”。之所以这样命名可能有两个原因：一是因为他们会边散步边讲课，二是为了纪念学园所在场所的人行道。他在那里一直待到公元前 323 年。据说，当时他在马其顿的熟人和雅典人的反马其顿情绪导致他被正式控告有不虔诚的行为——雅典人极其反复无常。据称，他不愿意再次看到雅典人反对哲学的罪孽，于是便离开了雅典，去了卡尔斯基，结果第二年就去世了。

他创作了大量作品。历代评论家将那些作品分为晦涩难懂和通俗易懂两类：第一类属于高度学术性作品，主要用于学园内部；第二类是精心制作，专门供公众阅读的。众所周知，他曾写过对话录。西塞罗曾经说过，亚里士多德的通俗作品是非常美的，充满了雄辩之词。这类作品无一传世。现在只剩下亚里士多德晦涩难懂的学术性作品，而这些作品从一般意义上来说并不美，比较呆板，但是内容非常简洁，充满了术语与技术性，缺乏文学美。实际上，他的讲课笔记很有可能还能找得到。这些笔记在不断出版，由后人编辑，因此有时会出现前后不一致的情况。但是，很少有人愿意用他的通俗作品来交换这些笔记。这是因为尽管晦涩难懂，亚里士多德的现存作品却展示了他令人难以置信的智力水平。

逻辑规则

可以说，亚里士多德在某种程度上发明并制定了正确的推理规则。这也是哲学逻辑的开端。他是第一个研究演绎性质的人。演绎指的是某个命题遵循必要的前提，辨别各种可能的推论并将其形式化。掌握证据的普遍概念后，他界定了研究万物所收集的证据与得出的真实结论之间的关系。这样一来，他就给世人指明了科学的方向。单单这一项功劳就令人印象深刻，为他赢得了重要的历史地位。不过，这些逻辑学与方法论作品只是亚里士多德语料库的一部分。亚里士多德的上述发现只是个开端。

亚里士多德的很多论述颇具影响力，内容涵盖伦理学、政治、形而上学、物理、数学、心理学、诗歌、修辞学、美学、气象学、地质学、方法论、宇宙学、精神哲学、神学、记忆与梦等。说他发明了全部学科都不为过，而目前人们仍然在研究上述各个领域。他不但发明了全部学科，而且还创造了每个学科的概念。

亚里士多德

（公元前 384—前 322）

除了上述诸多成就，亚里士多德还有很多生物学方面的作品，占到现存所有生物学作品的四分之一。达尔文在给亚里士多德生物学著作的著名译者威廉·奥格尔写信时，曾提及了他心目中的“两个神”——林奈和居维叶，并在结论中称这两个人“在博学的亚里士多德面前只不过是学生”。世人花了将近2000年的时间，才得以超越亚里士多德提出的目的论人生观，以及对动物身体结构的看法。所有这些都源自他著名的四因说。“原因”这个词有些误导性，世人可能只会把四因看作针对某一事物提出四种问题后得到的四种解释。

自然问题

以下是亚里士多德的例子。可以就雕像提出四个问题：它的材质是什么（青铜：质料因）？它是什么样的事物（雕像：形式因）？是什么促使它成形的，或者说是什么使它成为现在的样子的（雕塑家：动力因）？它是用来做什么的（装饰：目的因）？上述过程会让我们感受到亚里士多德非常专注于目标。他认为人们不可能真正认识某一事物，即便是自然物体或器官，除非搞清楚其用途和目的。

我们会发现亚里士多德在这方面与柏拉图的观点有很大不同。柏拉图认为，人们不必依靠永恒不变的形式就可以认识世界。相反，亚里士多德认为，形式和共性只能蕴藏于世界万物之内。而了解事物不仅要观察形式，而且需要亲自去检查、剖析不断变化的世界上的万事万物，从而逐渐了解其成因。比方说，就雕像和其他人工制品而言，形式是由局外人强加的。亚里士多德指出，自然物之所以成为现在这样则受内部法则控制。

亚里士多德在解释有生命自然物体（包括动植物和人类）的四

个成因时，主要是从灵魂活动来考虑的。他认为，灵魂并不是体内的精神物质，它在某种程度上指的是身体的独特功能，即物体的目标由促使其运动的因素所决定。简单来说，植物的灵魂在于生长力；动物的灵魂在于生长力、运动、食欲以及感受某些事物的能力；人类的灵魂除了动物的灵魂功能之外，还包括思考与认识能力。

亚里士多德认为，事物的优点在于其独特潜能的全面发展。优良的植物能够出现展示植物灵魂的开花盛期。好马能够实现自身的独特运动潜能：它能够飞驰前进，或许它的快速得益于灵动的眼睛和敏锐的耳朵。优秀的人能够依据常理做事，也就是取中庸之道。他的这一论述非常有名。

取中庸之道

美德在于在两个极端之间取中庸之道，也就是在特殊情况下能选择恰当的感受、采取适当行动。亚里士多德指出，面临生命危险时，勇敢便是介于鲁莽轻率与懦弱两个极端之间的中庸做法。谈论自我时，真诚便是介于吹嘘与过度谦虚两个极端之间的中庸选择。世人可能会误以为这等同于基督教伦理中的绝对中庸。显然，亚里士多德并不是这个意思。中庸之道因人、因情况而异。比如，希腊摔跤能手麦洛在点红酒时就做到了中庸：他定的酒量对自己而言刚刚好，但是对其他人来说量太大了。亚里士多德所谓的“中庸之道”既不绝对又不详尽，他告诉世人，就谋杀而言，不存在什么中庸之道。充其量只能采取理性态度，具体问题具体分析。

按照这一美德观，美好生活是什么呢？亚里士多德认为，美好生活离不开友谊。真正的美德不但需要与人建立对等的友谊，而且有时候还需要做出各种自我牺牲。没有朋友，就不可能有这样的行为，因此也就不会过上高尚的生活。是朋友为我们提供了行善与得到幸福的机会。

亚里士多德和他著名的学生亚历山大大帝。亚历山大成为马其顿国王之前曾经跟随亚里士多德学习了好几年。

此外，还需要理智德行的充分展示，以及独特智力的实现与运用。理性能力在一定程度上决定了我们是谁——就好比刀的切割能力让刀成了刀。切割能力强的才叫好刀，同样地，善于思考才能过上美好的人生。美好生活当然需要取中庸之道，不过同时也需要保持理性。亚里士多德指出，我们或许渴望做很多善行，其中，至善便是思辨的生活——心智生活。

继续探索

以上介绍的当然只是亚里士多德学派浩瀚成果中的一部分，而且忽略了亚里士多德著作中的许多冲突，掩饰了一些非常难懂的技术哲学，更不用说那些非常显眼的矛盾了。值得注意的是，他的作品在他生前被不断再版，很有可能他的一生都在不断地修改著作内容。亚里士多德从来不会对哪篇论述感到非常满意，抑或是在思考某件事时颇感满足，心想：好，这就是需要知道的全部内容。亚里士多德并不会这么容易满足，也不会浪费最后几行文字。在面对解释难题时，《尼各马可伦理学》中的最后一行文字很值得回味。那是一部大胆的长篇论著，主要探讨亚里士多德时代的伦理学。在对美德做全面论述后，他在书的结尾写道："来，让我们继续探索吧。"

主要著作

我们不能确定亚里士多德是在什么时候完成所有著作的，很有可能后期编辑对其内容稍做了改动、排序，从而出现了现存的作品顺序。以下是其中一些作品：

《尼各马可伦理学》是有史以来最具影响力的道德专著。亚里士多德在书中对人类福祉与美德的诠释非常有趣。或许最有意思的观点便是，他指出，美德不应该简化为一系列普遍原则。不过，这一点却被许多后来的思想家遗忘掉了。

《政治学》谈论的是理想国。亚里士多德认为，理想国以追求市民福祉为目标。这本书就奴隶制以及社会和谐需求发表了令当时的统治阶级不安的言论，但是其对民主政治优点的考虑在一定程度上减少了这种不安。

《物理学》这部作品非常有趣，因为它谈到了处于萌芽状态的科学中阐释的事物本质，以及对时空的处理。其中还包含了亚里士多德关于事物与形式的阐释。

第四章　奥勒留与斯多亚学派

——奥勒留是罗马帝国伟大的皇帝之一。

柏拉图在杰作《理想国》中指出，公正的国家是由懂得善行的人统治的，处于统治最高层的是哲学王，可以说他就是为治理国家而生的。

世人很容易认为马可·奥勒留（121—180）是哲学王，这样想其实是错的。奥勒留是一位带有哲学倾向的罗马皇帝，但他算不上柏拉图所谓的“哲学王”，因为他没有经过柏拉图提到的严格学习。除此之外，还存在其他一些原因。不管怎样，奥勒留所拥护的哲学虽然在有些方面类似柏拉图哲学，其在本质上却显然更符合斯多亚学派哲学。但是，忽视奥勒留，并把他看作身为君主的二流思想家也是不对的。他的作品反映了斯多亚学派哲学的精华内容，而这些内容被他的强权实践所验证。

奥勒留获取政权的过程很特别。他被叔叔安敦宁·毕尤皇帝（毕尤皇帝本人是哈德良皇帝收养的）收养并抚养成人。现存资料表明，奥勒留在修辞、诗歌以及法律学习方面表现优秀，不过他似乎很早就对哲学很感兴趣，尤其对斯多亚学派爱比克泰德的著作兴趣浓厚。早在少年时期，大约 11 岁时，他就开始注重穿着普通，遵守他所谓的“斯多亚学派”严格学习制度、节俭以及克己要求。或许他在这方面做得有些过火，因为有报告表明他这样做严重影响到了健康。

毕尤去世后，奥勒留和不成器的兄弟卢修斯（也是毕尤领养的）登上了王位宝座。显然奥勒留原本可以单独执政的，但是他却愿意邀请卢修斯和自己共同管理国家，这一点很值得称赞。二人共享权力，一直到公元 169 年卢修斯去世之后，奥勒留才开始单独执政，而且据称他表现得非常出色。后来，他在多瑙河上游地带指挥战争时因感染瘟疫而不幸丧生。

虽然他去世的消息令人感到哀痛，但是相比他统治时期罗马遭遇的苦难而言，这根本不算什么。当时，罗马和帕提亚经常交战，意大利北部边疆还有蛮族的威胁。他多年来一直在指挥军队抵抗多瑙河沿岸的德国部落入侵，还镇压了顽固派发起的两次叛乱。妻子福斯蒂娜突然离世，据说她在世时有过不洁的行为。他当政期间，罗马遭遇了多次重大瘟疫、饥荒、洪灾、火灾和地震。他的子女除一人之外，

奥勒留（121—180）

都早年夭折。幸存的孩子名叫康茂德，生性卑劣，没少让奥勒留操心。

撰写《沉思录》

大概在晚年时期，尽管身处混乱的国家局势和个人生活中，奥勒留还是完成了《沉思录》，这本书奇迹般地留存到了现在。《沉思录》显然算不上标准的哲学著作，更像是他的私人日记。书中没有针对清晰表述的观点进行持续论证，而是有很多不连贯的感言、格言以及个人忠告。据说，这本书创作的浪漫之处在于奥勒留结束白天的战争后，每个孤独的不眠夜都会在月光下的多瑙河边写上几行字。这很有可能是事实。

虽然奥勒留受到很多人的影响，包括柏拉图、赫拉克利特、犬儒学派等，但是要想真正理解《沉思录》，必须从斯多亚哲学的角度来考虑，尤其要参考爱比克泰德的作品。斯多亚学派以柱廊命名，也就是学派成员在古代雅典会面的门廊或列柱。现代表达方式中面对不幸的“冷静”或“坚忍”的态度就是源自他们的观点。

斯多亚学派哲学

斯多亚学派学者认为自然本身很神圣，具有周期循环性——这种看法显然属于泛神论，因为它提到不断重复的生命周期以及灾难事件。相比形而上学理论，后来的斯多亚学派学者更关注伦理学，而注重实用性的奥勒留则主要考虑人应该怎样生活。尽管如此，无论关注的重点在哪里，他们都认为自然是神圣的，而且会朝着某个方向发展。这在一定程度上诠释了斯多亚学派哲学的观点，即与自然保持和谐的人生是最好的、最道德的。它还说明了斯多亚学派学者一直以来对幸运与不幸的漠不关心。人们所经历的一切都是神圣计划带来的，而这种计划是不受人影响的，其最终也有益于人类。

斯多亚学派有一则比喻可以很好地证明上述观点，那就是拴在马车背后的一条狗。马车前进时，狗有两种选择，既可以一边大声叫，一边朝着相反方向用力，导致自己受勒，又可以选择平心静气地随马车一起前进。不管它做出哪种选择，都会朝着马车前进的方向前进，它唯一能做的就是去应对业已注定的命运。奥勒留总是提醒自己，斯多亚学派学者必须搞清楚哪些事物受控于自身，哪些事物不受控制。

为了阐述这一观点，奥勒留引用了爱比克泰德的话："我们可以控制的方面包括观点、冲动、欲望和厌恶情绪……不能控制的包括身体、财产、名誉和官职。"举个例子，假如人们误以为自己的社会地位取决于自身、受自己控制，就会感到不开心，就很容易因为不能得到提拔而受伤，患得患失。事实上，那些得失并不属于我们。我们只能控制自身的观点和态度。因此，从这方面来说，斯多亚学派的学者都具备这样的美德。

人们对外界事物所持的态度取决于自身，但是宇宙中发生的一切都是天意。它本身是好的，但不受人类控制。出于理性考虑，相比它们的反面，人们会更青睐于健康、财富和权力——斯多亚学派

与马可·奥勒留同一时期的作品。图中，他驾驶着战车穿过罗马街道，当时很有可能是在联合皇帝卢修斯·韦鲁斯于公元166年率军打败帕提亚人后的凯旋仪式上。

会认为拥有健康、财富和权力固然很好，不过得不到也无关紧要。但是，如果因为得不到它们而失望，或者得到后很满足，就很没有必要，甚至很荒谬。能不能得到它们并不取决于我们。

因此，奥勒留说："努力做个好人，要知足于拥有的一切，满足于自身行为与和蔼性情，看看效果如何。"好人，或者说有德之人懂得接受命运，无论好坏。因为他们知道不管上天给自己安排了怎样的生活，都无法改变。虽然我们缺乏辨识力，但是上天的安排本意是好的。因此，好人能够认识到这一点，满足于已经拥有的东西，只关注自己能够控制的反应和性情。好人能够协调好内心生活与天意之间的关系。

自由意志问题

奥勒留认为行为受控于人们自身。但是，他似乎掩饰了斯多亚哲学本身的矛盾。如果事情会按照天意发生，那么行为在多大程度上受控于我们自身呢？彻底的宿命论者或许会进一步追问：观点、冲动、欲望和厌恶情绪在多大程度上受控于我们呢？那么，自由意志问题就出现了。举个例子，斯多亚哲学家克利西波斯认为，人们的行为是已确定的，责任也是。另一些人的观点则略微弱化了宿命论，他们认为人的命运大体上是确定的，虽然人们可以选择采取行动，但是这些都无关紧要，并不会影响命运的整体走向。

不管人们对自由意志持有怎样的看法，奥勒留和斯多亚学派的学者一致认为，人们对外界事物的反应最为重要。快乐和痛苦、健康和财富、权力、荣誉和名声本身并不算什么，只有在人们对它们进行评价时，它们才会带上道德的意味。比如我们会认为财富是好的，而且渴望得到它，并愿意去争取。因此，奥勒留认为“看法意味着一切”。当然，他这样说的意思是，看法并非存在于外界，它只不过是人们对外界事物的认识。除非斯多亚哲学原则能够让人们信服，否则人们很容易误以为自身对事物的看法等同于事物本身。举个例子，假如我们错失了加薪的机会，就很有可能会将我们对损失的看法误以为是实际损失。这相当于单纯地把某件事看作危害性事件，而没有认识到正是因为它是人为因素无法改变的天灾才具有危害。事实上，奥勒留提出忠告，称这对人们自身而言根本无关紧要。的确，能带来伤害的只不过是人们对伤害的看法，别无其他。

人们或许会认为，目前的一切都很好，但额外的奖励还是会带来一些影响：它可以让人生更加美好。或许我们能够买得起更多食物、新鞋子。显然，有总比没有好。感知到的伤害和实际伤害有什么区别呢？不管是否承认，脚上的鞋子合适不合适，走起路来就会感觉到。如果脚因鞋子而受伤，那么承认自己改变不了这双鞋，认为鞋子不合脚也是天意真的管用吗？不要只是想不合脚的鞋子你无法改变，再想想你的生死更是无法控制，这样就能彻底说服自己了。

奥勒留和基督教

奥勒留很清楚这些挥之不去的后顾之忧，尤其是死亡呈现的问题。《沉思录》吸引人的地方在于人们通过它能够体会消除常见疑虑的过程，这些疑虑可能会困扰努力按照斯多亚哲学理念生活的人。奥勒留是个非常诚实的思想家。

《沉思录》也深深吸引了后世的基督教学者。在他们眼里，奥勒留就是个努力追求基督教教义所诠释的人生观的异教徒。他对天意的看法、他的谦逊与节欲、对自身不完美道德的批判态度，以及对看法和欲望的控制——所有这些方面都符合基督教观点。讽刺的是，奥勒留显然对基督教并不友好——他执政期间似乎曾参与过对基督徒的迫害与行刑。

主要著作

《沉思录》是马可·奥勒留唯一一部哲学著作。这部著作的具体创作日期并不是很明确。不过，其中提及了德国战争以及死亡将至，因此有人认为这是他晚期的作品。

《罗马史论》记载了斯多亚学派学者爱比克泰德的一系列演讲，由学生阿里安记录。爱比克泰德对奥勒留的影响最深刻。

第五章　阿奎那与天主教哲学

——阿奎那被基督教会奉为圣人，被称为“神学界之王”。

圣托马斯·阿奎那（约 1225—1274）是意大利天主教哲学家，也是学术传统的重要人物之一——如果不算唯一重要人物的话。是他创立了托马斯哲学学派，该学派在相当长的一段时期内是罗马天主教会的主要哲学支撑。

从托马斯·阿奎那的一生来看，他并不适合“圣人”和“多明我会修士”（多明我会修士会强调贫穷的生活，以乞讨为生）这两个称谓。他出生在家族城堡，是阿基诺·兰道夫公爵和堂娜·西奥多拉最小的儿子。堂娜和诺曼贵族有亲属关系。阿奎那 5 岁时，就被送到了卡西诺山修道院接受教育，后来去了如今的那不勒斯大学上学。

虔诚的少年

阿奎那正是在那不勒斯大学受到了多明我会的影响。母亲发现儿子要参会后，震惊不已，派他的兄长去那不勒斯抓他，目的就是拖住他，让他明白事理。阿奎那在家族城堡中被关押了一年多。有一次，几个兄长派妓女去他屋里诱惑他，拼命想打破他的决心。结果，阿奎那硬是举着火棒把她赶了出去。最后，家人终于绝望了，也心软了。于是，阿奎那得到了自由，并加入了多明我会。

1252年，他去了巴黎，后来又在那里教书，并在巴黎大学神学院任职。之后，他便辗转于意大利和法国学术机构，其间著作颇丰——数百万文字之多，考虑到他英年早逝，能取得如此多的成就实属不易。有四名文书负责记录他的口述内容：这可能是因为他的创作能力惊人，或者笔迹很糟糕，抑或是两种原因都有。然而，在一次弥撒仪式中，他认为自己有了宗教体验，从此便停止了创作。他说：“与我所见和受到的启示相比，我过去所写的一切都犹如草芥。”几个月后，他在去教会参会的途中，被头顶落下的

阿奎那（约 1225—1274）

树枝砸中了脑袋，不久便去世了。

阿奎那如此高产，一方面得益于他的智力，另一方面是因为他生活的时代充满矛盾。当时，亚里士多德的著作在西方国家又流行了起来，有时候还附带有阿威罗伊等重要非基督徒颇具说服力的异端评论。一些无神论者理由很充足，得出的结论显然和基督教教义相矛盾。他们认为：灵魂并非不朽；宇宙最初也不是因为神的一次性创造行为而产生的，而是会永恒存在；上帝只了解他自己，并不了解我们。当时，一些人仅仅满足于证实亚里士多德和评论家错了，但是阿奎那却针对亚里士多德的学说写了十二条述评，称亚里士多德得到的只是局部真理。他这样做不但将亚里士多德的思想基督教化，而且也是与异端思想斗争的必要做法。

亚里士多德的影响

正是亚里士多德提出的方法和结论，搅扰了阿奎那那个时代的学者。亚里士多德认为，人们必须搞清楚假设与事实之间的区别，才能进行思考。知识依赖于自身，而位于知识体系顶端的一些学科则依赖于底部的真理，并借助基于其他事实的假设不断发展。

所有理智的人都需要接受最接近知识体系基础的真理。举个例子，如果有人不认可排中律（即要么承认一个命题，要么否认它），就不能展开理性博弈。例如，关于“p 是真的吗”这个问题，只有两个答案，即“是”或“否”。如果不能接受理性的最低要求量就不算辩论，认同规则只不过是理性的一部分。

阿奎那将借助理性得出的结论和揭示的真理区分开来。显然，他认为后者更具权威性，但是（这在他那个时代很可能不同寻常）他认为有必要高度关注无神论者著作中得出的理性结论，尤其是亚里士多德的著作。更有意思的是，他指出理性本身也能得出一些启示性真理。为了这样做，他有时候会采用亚里士多德的方法。此外，多明我会的影响让他深信人们应该时刻准备接受神学学说，尤其是那些无神论者。这就意味着有必要找到一些不信神的人也能接受的假设。

或许上述事实最能够解释《反异教大全》（全称《论天主教信仰真理驳无神论者大全》）的存在与措辞了。这本书的重要地位仅次于阿奎那那部未完成的杰作《神学大全》，是他对理性以及无神论者特殊态度的最佳表述。

阿奎那证明神存在的五种方法

阿奎那采用亚里士多德方法一个很好的例子便是他对上帝存在的著名论证，即“五路”，五种方法。虽然这五种方法在特点上受益于他人，但是阿奎那采用的亚里士多德注释方法使得他的论证非常著名。每种方法都以公认的经验事实开头，并证明上帝存在。我们以第二种方法为例。

世间万物之间都存在因果关系。借用阿奎那的例子，石头会动，是因为木棍在推动它，而木棍的推力又是手给的。没有任何事物是其本身的成因，相反，成因都是其他事物的成因（即独特效应），不可能出现因果顺序的无限回归。因此，必然存在第一无外因的成因。阿奎那认为，世人称这一成因为“上帝”。换句话说，一样事物引发了一连串事情。它属于成因，但本身并非由其他事物引发。第一个不需要外物推动的推动者，隐藏在所有可能性下的必然性，事物品质变化中存在最完善的基准，以及认为可以用上帝来解释经验世界的秩序等也有类似论证。

在不同的情况下，论点会从公认的经验事实——运动、因果、变化以及质量等事实追溯回到引发这一切的原因上，即能够解释周围世界的事物上。这些论点遭遇了各种反对意见。一个最让哲学家焦虑的问题是，每次讨论到最后的转变都是，从某个无前因的第一成因说到上帝的出现：这样的成因必须存在，人们都称其为“上帝”。

为什么会认为无前因的成因具备通常认为的基督教中的上帝具有的许多特征呢？难道除了上帝之外，这一连串事件背后不存在许多其他无外因的成因吗？如果说只存在一个无外因的成因，为什么会认为其无所不知、无所不能，而且方方面面都好呢？说不定其只是缺乏平凡的成因，不具备什么理性，只不过足够强大，能够促进运动，很可能还带有恶意。从确定因果顺序的推断到认定这个事物就是上帝，这中间似乎缺少了什么东西，很可能少了个假设。

如果说阿奎那认为理性可以证明上帝存在，那么他宣称理性并不能很好地解释上帝的本质。虽然人们会很自然地了解物质世界，但是他们对上帝本质的怀疑能力超出了理解能力。我们会间接地获得这方面的知识，比如通过类推或者否定。阿奎那认为这类知识并不完善。

人们对上帝能有哪些认识

人们对上帝本质的认识大都来自对比较了解的事物特征的否定。我们会说，上帝并非存在于任何地方，也不是任何时候都存在，并非在不断发生变化，也不是有限的，等等。也可以通过类比我们对自身属性的认识，在一定程度上了解上帝的属性。上帝是完美的，这一点可以通过思考我们对完美的理解来认识。上帝也有意愿，虽然它不同于人类的意愿，但是我们仍然可以通过将其与人类意愿类比来理解它。

此外，阿奎那声称上帝的本质还有些内容可以了解，尽管过程比较复杂。他认为，上帝的属性包括简单、现实、完美、美好、无限、永恒、统一以及内在。然而，人们对这方面知识的获得以及知识本身的特征都是很特别的。阿奎那认为，只有借助上帝的干预——恩赐或者显身，人们才可能理解其神圣之处，而类比与否定在此并不起任何作用。理性无法解释的现象，上帝的启示可以解释。人们或许借助理性可以得出结论，

圣托马斯·阿奎那站在亚里士多德和柏拉图之间。《圣托马斯·阿奎那之胜利》细节图。

知道上帝是存在的，但是只有上帝的启示才能告诉我们，上帝是三位一体的。人类身为有限的生命，即便是上帝的恩惠也无法传递人们对神圣的领悟，只能是一种理解。

阿奎那的影响

值得注意的是，西方哲学，不只是西方神学，都应该感谢阿奎那。人们很可能会认为阿奎那只关注上帝的存在与本质，其实这种认识是错的。他的大量作品谈及了对人性、政府、法律、伦理学、形而上学以及认识论等方面的认识，除此之外还有其他很多内容。综合考虑，阿奎那对教会内外都产生了重大影响。

主要著作

《反异教大全》（《论天主教信仰真理驳无神论者大全》），阿奎那的主要著作，创作于1261年至1264年。其中包含了对上帝、生物本质、生物结局（用途或终极）以及启示的长篇论述。

《神学大全》是他生前未能完成的一本书。这本书堪称巨著，长达60卷。其中包含了一些详细见解与论证，它们至今仍然影响着宗教与哲学思想。

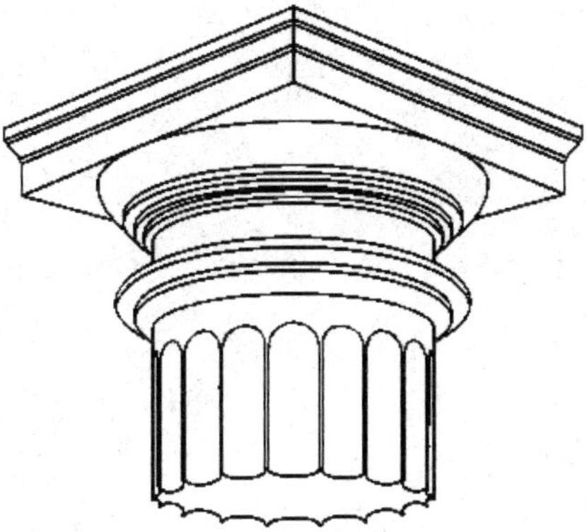

PART 2

过渡

一个自我觉醒的时代

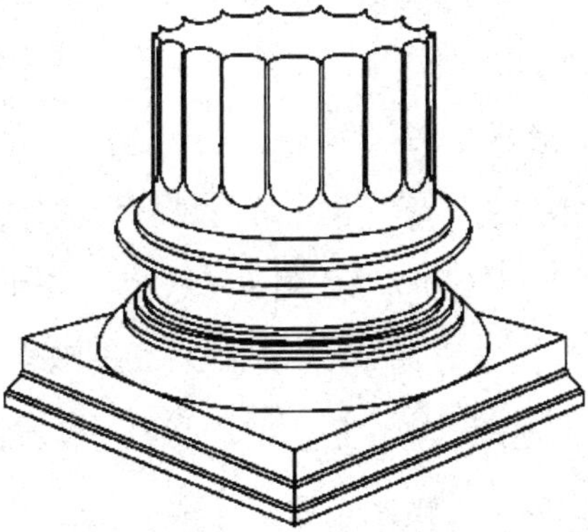

第一章 《君主论》与马基雅弗利主义

——《君主论》是拿破仑的枕边书。

1469 年 5 月 3 日，尼科洛·马基雅弗利出生在佛罗伦萨。他当属世界上最知名的政治科学家。他的名气非常大，名字被用来指代为实现目的而采取的狡猾、不择手段的行为。

把政治家说成是权谋政治家，意思是他们缺乏道德感，因此不适合担任公职。然而，这种说法也给予了他们一定的尊重。权谋也包含冷静、深谋远虑等含义。

马基雅弗利刚出名时还是位年轻的佛罗伦萨外交官。1498 年，他 29 岁，担任意大利共和国第二国务厅长官。当时，佛罗伦萨从政人士通常需要具备扎实的人文科学基础。马基雅弗利也不例外，他父亲就是位很有见地的学者。是他把年幼的马基雅弗利送去了最具人文主义传统的机构接受教育。

马基雅弗利担任外交官期间的经历对他的思想发展产生了重大

影响。尤其值得关注的是，他对高效领导力的认识根植于对当时一些重要政治人物优缺点的第一手了解。事实上，他在名作《君主论》中充分引用了现实世界的大量案例，从而使他与前辈相比显得很与众不同。同时这也说明，马基雅弗利对复杂的日常政治事务很感兴趣。

马基雅弗利（1469—1527）

外交教育

马基雅弗利刚当上外交官就开始积累经验。1500 年，他被派到法国国王路易十二那里谈事。当时，佛罗伦萨虽然得到了法国的援助，但还是没能制服比萨，因而引发了一些问题。比萨属于叛逆城邦，曾经一度受制于佛罗伦萨。马基雅弗利肩负这一使命后，一开始就遇到了各种问题。虽然他不太尊重法国国王，却吃惊地发现法国人非常看不起佛罗伦萨。他们认为佛罗伦萨力量薄弱、优柔寡断，缺乏军事与财政力量，因此在外交事务中没有发言权。这一点马基雅弗利永远铭记于心：参与庄严的政治需要具备力量、勇气以及果断行事的能力。

不久，恺撒·博尔吉亚的做法让马基雅弗利对庄严的政治有了更为深刻的理解。博尔吉亚被父亲亚历山大六世任命为罗马涅大区公爵后，便采取了残忍的手段扩张自己的权势，这一点众所周知。

马基雅弗利接触博尔吉亚一段时间后，显然非常钦佩他对待敌人的方式。举个例子，他在《君主论》中赞同博尔吉亚采取欺骗的手段将奥尔西尼的领袖们引诱到西尼加利亚，并迅速在那里将他们全部谋杀，因为奥尔西尼的那些派系一直以来都在暗算博尔吉亚。马基雅弗利在《君主论》中的表述无疑表明他认为博尔吉亚具备很多必要的领导力技能：

> 我认为，凭借运气与他人军队而掌权的人都应该效仿博尔吉亚。我相信这样做是对的，因为他勇气有嘉、理想崇高，不可能有其他做法……因此，但凡认为在新公国有必要保护自身不受敌人伤害、赢得朋友、采取武力或骗术征服对方，并赢得人民的爱戴与敬畏……都应该把博尔吉亚当作最佳楷模。（《君主论》，第七章）

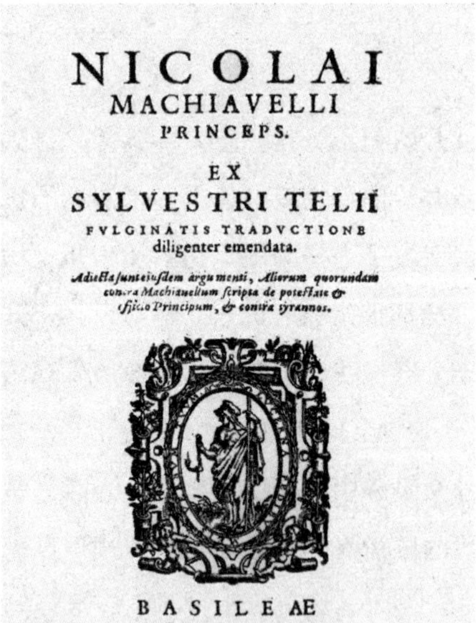

马基雅弗利在他的杰作《君主论》中明确提出了对理想统治者的看法

虽然博尔吉亚的才华毋庸置疑，但是他当政的时间并不长。这主要是运气问题，但是马基雅弗利却在《君主论》一书中批评他扶持红衣主教朱利亚诺·德拉·诺维二世成为教皇朱利叶斯二世，尽管博尔吉亚有充分的理由怀疑诺维成为教皇后会对自己不利。马基雅弗利认为，博尔吉亚太自负，而且想当然地认为政治生涯早期的好运会永远眷顾他。最终，这样的心理导致了他的失败。政治领袖在面对特殊情况时一定要磨炼自己的性情，而博尔吉亚恰恰缺乏这方面的能力。

马基雅弗利的外交生涯虽然为他提供了创作《君主论》的必要经历，但是在1512年不幸终止。那年，美第奇家族在佛罗伦萨掌权后，解散了共和国，之后马基雅弗利也被撤职。更糟糕的是，几个月后，马基雅弗利还遭到冤枉，被指控暗算新成立的美第奇政府，并遭到严刑拷打与监禁。他正是基于这样的形势变化创作了《君主论》。

获释后，马基雅弗利需要想办法讨好新上任的美第奇统治者。《君主论》一书奠定了他的声望，他的创作初衷是表明自己具备一些很可能为新统治者所用的能力与知识。书的献辞说明了一切：尼科洛·马基雅弗利献给至高无上的洛伦佐·美第奇。

《君主论》

这本书主要谈论了领导艺术。1532年，它首次出版。当时，马基雅弗利已经去世七年了。这本书最初问世时受到了好评。不过，很快它便声名狼藉，因为它指出君主在制定政治决策时不应该受到道德规范的束缚。确实，很多人认为马基雅弗利是个无道德论者。也就是说，他并不关心君主的行为是否符合道德标准，只关心他们能否获取并保全政权与荣誉。

这样描述马基雅弗利的哲学观点当然有一定的道理。举个例子，他完全反对传统观念——就像西塞罗在《论义务》中总结的那样——西塞罗指出，理性人士为了赢得尊重与荣誉，往往会遵守道义：

> 由于人们的实际生活与应该如何生活之间存在着很大的区别，因此如果放弃已经完成的事情而选择应该做的事情，就只会走向灭亡，无法保全自身。始终都想行善的人终将走向毁灭，因为周围有很多人并不善良。因此，君主如果想维持自身的地位，就必须学会怎样作恶，并根据实际情况决定是否这样做。（《君主论》，第 15 章）

马基雅弗利之所以认为君主要想高效地统治国家就必须学会怎样作恶，其根源在于他对人性的偏见。他认为，人都是“忘恩负义、心怀二志、弄虚作假、伪装好人、见死不救和利欲熏心的”（《君主论》，第 17 章）。因此，有些领导方式根本行不通。例如，他指出，如果君主的权力基础完全取决于国民的爱戴，那么遇到困难时，他很可能会众叛亲离：

> 人们往往更容易去伤害爱戴自己的人，而不是自己惧怕的人，因为爱是由一连串义务连起来的。由于人性的丑恶，每当涉及他们的自身利益时，义务的链条就会断掉。但是，畏惧源自人们对惩罚的惧怕，而这种心理永远都不会消失。

有人认为马基雅弗利对领导力的认识源自他的无视道德，这样说也有一定的道理。不过，情况并非完全如此，因为他还认为高效领导力往往会给所有人都带来好处。举个例子，他在讨论君主应该依靠仁慈还是残酷来统治国家时指出，太过仁慈而且容忍混乱的君主往往会给社会带来更大的伤害，而残忍的君主则能凭借国民对他的畏惧创造和谐。同时，他还指出领导的宽宏大量必定会导致民众产生不和，因为喜欢奢侈、消费的君主最终还是需要向民众征税，才能有能力继续消费，这样就会引发民众的反感与厌恶。

领导的尺度

以下观点或许可以让马基雅弗利避免无视道德的指控。他认为，领导应该努力争取荣誉与称赞。确实，这可以作为衡量君主德行的一种方式，即看看他在面对无法预知的命运时是否愿意尽力实现这一目标。然而，马基雅弗利认为，这样并不能替残忍辩护。这种行为很可能会让君主掌握重权，却不能赢得尊敬与荣誉：

> 以下的残忍手段很好用……即出于自我保护的目的采取一次性残忍手段，之后不再残忍，而是尽可能给国民创造最大好处。糟糕的残忍做法是，一开始不太残忍，久而久之却越加残忍，而且会永远保持下去。（《君主论》，第 8 章）

马基雅弗利原本以为自己凭借《君主论》一书便能够重返公众

生活，但是他的希望破灭了。1513 年末，这本书刚刚创作完不久，他便认识到自己的外交官生涯就此结束了，从此便开始专注于写作。他的余生越来越同情共和政府的遭遇。当时，他最著名的著作为《论李维》（《论提图斯·李维的最初十年》），主要是在维护视古罗马为典范的共和政府。这本书在很多方面堪称深奥的著作之一。然而，它并不算马基雅弗利被传颂的著作，相反，有人称赞他，也有人指责他，因为他声称君主需要像狼一般强大、像狐狸一般狡猾。

主要著作

尼科洛·马基雅弗利只出版过两部重要的哲学著作，《君主论》和《论李维》。不过，感兴趣的读者很有可能还想读一读《论战争艺术》，以及他的书信集。

《君主论》（1532）

这是马基雅弗利最著名的一部著作，它对领导艺术进行了深刻的分析。他指出，政治领袖的主要任务便是统治与维护权力。在采取措施实现这一目的的过程中，必要时可以无视道德原则。正是这本书将“马基雅弗利主义”这个词传给了子孙后代。

《论李维》（1531）

这本书在某些方面堪称马基雅弗利最深奥的著作。它主要是在维护共和国政府的合理性，其中以古罗马为典范。

第二章 培根与《伟大的复兴》

——马克思称培根是“英国唯物主义的真正始祖”。

相比其他哲学家，评论家对培根（1561—1626）的评论分歧最大。一些人认为他的很多作品体现了启蒙运动时期的早期特色，另一些人则认为这些作品表现出了反知识分子的倾向，以及对最糟糕宗教狂的维护。

一些人将培根奉为现代科学的先知，另一些人则视他为笨蛋，因为他做了唯一一次科学实验，却因而葬送了性命，很是荒谬。如今，他遭到了自然保护主义者的辱骂，这主要是因为他认为人类应该驯服并控制大自然。而卡尔·波普尔的弟子则非常爱戴他，认为他的作品展示了对科学方法本质的深刻洞察。

世人对他的生平也持有两种截然不同的看法。关于优点，他是一位具有敏锐法律头脑的哲学家。在被敌人捏造的贪污指控击败之前，他就掌握了大权。关于缺点，他总是在肆无忌惮地进行自我宣传，趋炎附势，会采取一切手段占便宜，直到最后毁于贪婪。

出身名门

培根有着优越的家族关系，也曾设法利用这一优势。父亲尼古拉斯·培根爵士是掌玺大臣，母亲安·库克是财政大臣威廉·塞西尔爵士的小姨子。培根曾在剑桥大学三一学院深造，取得律师资格后，便成了律师，而且事业有成。23岁时，他将律师工作与政治实际相结合，加入了议会，并得到了埃塞克斯伯爵的扶持。伯爵借给培根钱，并联合威廉爵士为他在法院晋升四处游说，想方设法地帮助他。后来，培根成功地起诉埃塞克斯伯爵背叛伊丽莎白女王。可想而知，伯爵当时多么郁闷。就算培根对女王非常忠诚，或许是因为他在议会辩论上就政府税收政策发表过不当意见，因此女王并没有提拔他。

培根（1561—1626）

伊丽莎白女王的不悦让培根吸取了一些教训。于是，他开始尽其所能地支持女王的继承人詹姆斯·斯图亚特。詹姆斯曾问过身边的人该如何给某个犯人判罪，并认为唯一的方法便是严刑拷打逼其认罪。培根的对手爱德华·考克爵士对此提出了异议，但是培根却遵照詹姆斯的指令做出了判决，并因此平步青云、扶摇直上。他先后被封为爵士、首席检察官、掌玺大臣、大法官、男爵，并最终被封为奥尔本斯子爵。人们很容易会对培根步步高升背后的计谋感到好奇。也正是由于这方面的原因，在一定程度上导致了世人对他的评价不那么好。

培根在职业生涯中不幸树敌，并被他们指控受贿。他本人也承认了罪行，表示自己曾接受过所负责审理案件被告的金钱贿赂。正是这件事毁了他的余生。他被处以 4 万英镑巨款的罚金，并关押在了伦敦塔。詹姆斯国王最终免除了罚金，将培根释放了，还允许他保留原有的头衔，却不愿意正式原谅他。随后，培根逃到了乡下，在那里继续思考创作法律与科学著作。据说，在一个寒冬的下午，他外出宰了一只鸡，把雪填进鸡的肚子里，很可能在实验冷冻的防腐作用。不料，他却因此患上了支气管炎，没过多久就病逝了。这或许要算哲学史上最不幸的死亡事件了。

培根有几年曾在伊丽莎白女王面前失宠，如今仍然颇为有名的 58 篇短文大部分都是在那期间创作的。短文内容非常有趣、切合实际，或许还带有马基雅弗利主义的色彩——其中一些短文向政府官员提出了建议，教给他们公关知识。不过，他最著名的作品当属《伟大的复兴》。这是为六部未完成的著作所作的序，他希望通过这六部作品概括人类知识的复兴与进步计划。培根创作《伟大的复兴》时，自然哲学，或者说崭露头角的科学还非常杂乱无章。人们有时候会做一些非常匪夷所思的实验，就是为了满足好奇心。点金术、魔术以及处于萌芽时期的科学探索这三者之间还没有多大区别。培根认为，如果能够正确地理解并运用科学，就有可能帮助人们了解自然世界，进而控制它。

假象

培根在《伟大的复兴》中指出了一些致命的阻碍物（虚假偶像），因为它们会妨碍人们对大自然的客观研究，主要包括：种族假象、洞穴假象、市场假象和剧场假象。他就每一种假象都发表了看法，至今仍然备受哲学界重视。

种族假象是人类种族固有的偏见，根植于人的本性中。人是通过眼睛认识世界的，而眼睛并不能帮助人们认识事物的本来面目。培根认为，感觉并不可靠，但是人类却很容易依赖于感官经验，从而错误地判断事物。他还提醒人们要留意康德式思想：思想会影响我们看到的不真实事物的先后次序。他指出，人们在认识世界的过程中很容易对其进行排序，却忘记了自己在这个过程中发挥的积极作用。

洞穴假象指的是人们在自身偏爱和动机的影响下很容易犯的一类错误。我们看到的事物取决于信息背景：我们往往会注意到那些能够识别以及感兴趣的事物。如果不怎么关心输赢，或者不明白狗是什么、长什么样子，就不适合观看狗的分类比赛。此外，人们往往会过分重视所找寻的事物，符合自身目标或偏见的事物，以及内心因迟钝容易忽略的事物。培根认为，所有人都好比柏拉图洞穴里的囚犯一样，受到自身理论框架的禁锢，而且很容易被自身的模糊观点所误导。最终，他们会更倾向于选择熟悉的世界观，并因此盲目地犯其他的错误。培根提醒世人，在“特别满足地利用或思考任何事物之前都需要持怀疑态度”。

市场假象产生于人际交往的过程。培根在此处特指言谈问题，包括信口开河和含糊其词，也包括各说各话，交谈的双方都不明白对方的意思。此外，指代事物的词存在并不能说明事物本身的存在。不管哲学家怎么评价原动力，都没有任何证据表明它的存在，尽管原动力这个词已经被人们使用了。

在讨论假象的过程中，培根只在剧场假象中运用了抨击的语言。他提醒世人，要注意传统哲学体系容易犯的错误——相当于将虚假的戏剧表演当成了发现真理的事实。虽然他与只维护大众哲学观点的教条主义者以及把哲学当作宗教基础的迷信主义者都有过争论，但是他的目标近在咫尺——他希望纠正经验主义哲学家的方法。这些哲学家都是基于有限的实验、观察结果以及分类与方法的常规错误得出的结论，因此妨碍了人们对世界的认识。

新方法

培根采用的矫正法不只是简单的列举归纳法。归纳法指的是通过观察具体案例，从中推断出一般性结论。他写道：

> 我所提出的方法的最大不同在于，它在形式上属于归纳法，同时也包括判断。因为单单凭借逻辑学家的说辞以及简单的举例进行归纳太过幼稚……我所提出的归纳法则大不相同，它要求分析、分解经验，并通过正当的排除与摒弃法得出必然结论。

培根在此提倡通过对自然现象进行系统询问，从而得出更全面的法则，并产生知识、权力、实用、对事物的控制以及人类生活的改善。这个过程比通过具体观察得出一般结论更全面。

培根认为每一个自然物体都可以看成是有限数量的单一属性或复杂属性的综合体。通过认真实验，人们可以识别并列举出某一属性充分显现的情形、该属性不显现的情形，以及该属性增强或减弱过程中的所有情况。用培根的例子来举例，假设我们在研究热量，很可能会在开水中注意到它的存在，在冰块中注意到它的缺失。而且，随着开水变凉，人们也会注意到热量的减少。

通过对物体属性的显现与否进行详尽研究，比较它们显现的不同程度，就可以制定公理、给出解释，或者提出如今广为人知的假设，这些公理、解释与假设可以指导人们在接下来的实验中做出选

培根《伟大的复兴》一书的扉页，上面是一艘穿过知识海洋、踏上发现之旅的大船。艾萨克·牛顿后来也使用了这一隐喻。

择。在研究热量在水的不同状态下的存在与缺失的情况后，我们就可以假设其他液体也会有类似情况。水银呢？下一步就可以煮沸一定量的水银，记录相关结果。通过研究很多种液体煮沸后的情况，就可以适时地制定普遍法则，描述热量在各种液体中的表现。培根指出，各种法则会形成范围与认识不断扩大的金字塔，从而提高对事物的控制。

当然，也有可能出现否定结果。假设本身可能会被证明是错误的，但是它们仍然有价值。培根认为，既然事物的属性有限，那么有关它们的错误观点也是有限的，否定结果在一定程度上比肯定结果更可贵。就算发现了大量支持假设的实例，也不能百分之百地保证其真实性。但是，找到错误观点等同于一种肯定。正确的假设不会出现错误的结果，因此只有通过否定结果才能肯定某个假设是错的。

上述方法要比培根时代“自然哲学”典型的随机调查进步很多，它属于可辨认科学。

主要著作

《伟大的复兴》

弗朗西斯·培根在职业生涯早期就曾公布于众，称自己会重点关注“一切知识”。他还声称要亲自进行人类思想的全面改革与重组。

大复兴，或称之为“伟大的复兴”，是培根实施这一宏伟目标的计划。只不过，直到他去世都没能完成。

这部巨著共分为六部分，其中只有两部分得以完成。相比已完成的两部分而言，剩余四部分只有梗概内容。

《论学术的发展和价值》（1623）

这是《伟大的复兴》的第一部分。1623 年，培根《论学术的发展和价值》的九卷著作出版了。它们其实是他早期著作《学术的进步》的改写稿，其中概括了培根认为的主要学术障碍。

《新工具》（1620）

这本书提出了询问大自然的正确方法，以及所谓的“假象”，或者称之为“真理所面临的障碍”。

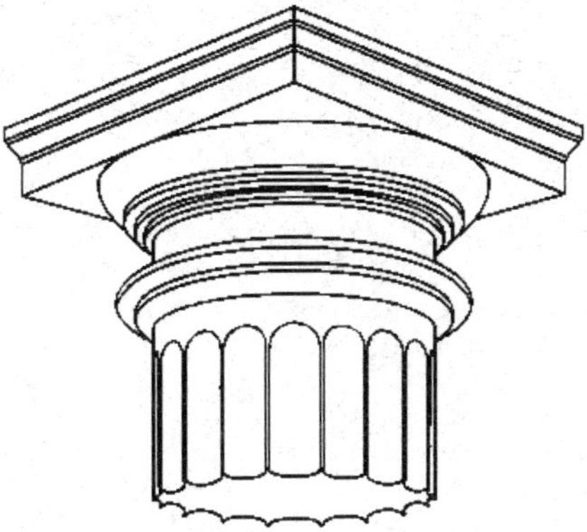

PART 3

回归

真正的近代哲学产生

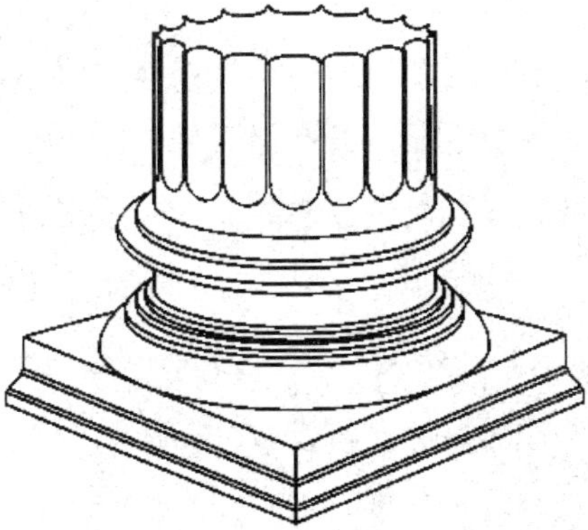

第一章　霍布斯与唯物主义哲学

——正义的性质在于遵守有效的信约。

由于托马斯·霍布斯（1588—1679）招惹了各类人士，因此很难获得世人的敬仰。

霍布斯声称国王的统治权力是绝对的，这一说辞惹怒了议会党人。他还说，国王享有的权力并非天赐，而是人民赋予的，因此惹怒了君主主义者。面对劈头盖脸的指责，他坚持认为自己解决了两难之局，因此惹怒了数学家。《形而上学的沉思》出版前不久，他对笛卡儿的观点提出了强烈的反对意见，导致对方很生气。他对自由意志的立场至少惹怒了一位主教，而且一辈子都在公开与对方争辩，有时候提出的意见非常尖刻。他提出，国王负责诠释《圣经》。此外，他还有一些相关言辞惹怒了教会。他误以为自己要死时接受了圣礼，因此激怒了无神论者。霍布斯在世时，只要有证据表明演讲者沉溺于“霍布斯哲学”（无神论的代名词），演讲者就会遭到解雇。有一阵子，人们一度认为霍布斯可能连上帝都得罪了。伦敦大火和大瘟疫过后，议会在怀疑，是不是霍布斯的著作激怒了上帝，导致上帝实施报复，并引发了伦敦的灾难。他们还专门成立了委员会，要求霍布斯停止出版著作。

不过，霍布斯并没有惹怒所有人。他的朋友和支持者包括伽桑狄、威廉·卡文迪许，还有至少一位国王。他在梅森神父的学术圈非常受欢迎，他当过查理二世的家庭教师，与弗朗西斯·培根愉快地合作过，还和伽利略友好地交流过。当然，虽然霍布斯似乎喜欢惹怒他人，但是他的关注重点并不在这里。他被称为"现代分析哲学之父"，这是有一定道理的。此外，他还引进了世人所熟知的现代政治哲学和社会理论，破除了人们对政治权力本源的传统神秘看法，并诉之于理性来解释它。

据说，霍布斯属于早产儿，他母亲听说西班牙无敌舰队即将来袭，便吓得早产了。这一点霍布斯本人也承认。父亲是教堂的牧师，因为觉得在教堂的台阶上与他人争吵很丢脸，便逃离了家乡。当时，年幼的霍布斯被富有的叔叔收养了。叔叔非常重视对他的教育，还送他去牛津大学读书。霍布斯发现大学的课程非常枯燥。他毕业后，有幸成了威廉·卡文迪许儿子的家庭教师，并有机会去威廉家族的图书馆看书，还跟着他周游世界。

霍布斯（1588—1679）

他在游览欧洲大陆时，发现了几

何学以及伽利略的运动观，并开始认真地思考这两方面的问题。他指出，采用几何学证明方法，也就是从小事情和简单真理入手可以取得长足的进步。此外，可以从人体较小部位的运动来理解人的欲望与感觉，以及大范围的人类活动。这样，不但可以制定自然法则，而且可以制定人性法则。霍布斯这方面的大胆想法被收录在《利维坦》一书中。查理一世被行刑后不久，这本书就出版了。霍布斯从法国回来时，伦敦各大势力正在就《利维坦》一书的核心思想争论不休。霍布斯在书中的立场非常明确，而且与世人密切相关，因此他的作品得到了广泛关注。

《利维坦》

这本书非常有名，它通过反思人类生活如果缺乏政治义务将是什么样子，来说明政治义务的必要性。霍布斯对人的“自然状态”的认识反映了他对人类的极度悲观，他认为自然状态的特点是黑暗、自由与平等。所有人都享有绝对自由，这包含两层含义：人人都可以拥有一切，同时，为了保护自身与拥有的东西，他也可以想做什么就做什么。因此，人人都有权利采取任何行动“保全性命”，“尽力……拥有、使用并享受他能得到的一切”，人类的自由并不受自然限制。霍布斯甚至将杀戮权都划给了自然人。此外，处于自然状态的所有人都享有平等的权利，因此人人都可以杀死其他人。毫不夸张地说，即便是弱者，也可以团结起来，共同打败强者。

无疑，处于自然状态的人会像物体遵守运动定律一样彼此成为敌人。由于物品、舒适生活以及资源本身就很有限，甚至缺乏，因此人类之间的竞争非常激烈。

霍布斯所谓的“天生缺乏自信”现象同样很严重。也就是说，自然状态下不受统治的人会处于战争（即“人人相互对立”）的状态。自然状态下，人们不可能享受生活，但是或许可以这么想——生命不会太长久，因此痛苦也会相对短暂，以此来安慰自己。霍布斯说，自然状态下“不存在对地球表面的认识，也没有时间概念，没有艺术、书信、社会。最糟糕的是，人类会永远处于恐惧、暴力与死亡的危险当中，人生也会变得孤独、贫困、污秽、野蛮而又短暂”。

自然规律

但是，人们或许希望改变现状。关于人的认识，霍布斯指出了三大自然规律，这也算是黑暗中的一道曙光。这些规律属于理性要求，或者说自然状态的人必须得出的结论。第一条，也是最明显的规律：人必须渴望并追求和平。理性外加对死亡的恐惧，要求人们必须渴望摆脱自然状态，寻求更美好的生活与安全。和几何证明一样，另外两条规律是第

托马斯·霍布斯的杰作《利维坦》。图中的绝对君主亲切地看着这片土地，佩戴着代表权威的徽章，手持剑和权杖。

一条规律的结论。

如果必须寻求和平，就需要放弃自身的一部分自然权利，即自由。如果所有人都享有同等自由、拥有一切的平等权利以及获取一切的途径，就不可能实现和平。因此，霍布斯提出的第二条自然规律是，所有人都会放弃自然权利，并满足于“保留与其他人相当的自由”。这是指所有寻求庇护的人会达成一致，即形成社会契约。事实上，这一契约会将人们享有的绝对自由转移到某个人（或集体）身上，由这个人（或集体）负责运用权力维护和平，同时确保所有人的安全。霍布斯说：“这就好比人们应该对彼此说，‘我放弃自我管理的权利，并将其交付给这个人或这个集体，前提是你也需要放弃相应的权利，并以同样的方式承认他（或他们）的一切行为’。”

霍布斯的第三条自然规律是，人们必须履行契约。但是，他指出，这一理性要求很可能并不足以约束人们，因为“没有武力，契约便是一纸空文”。为了避免自然状态下人所面临的恐惧，确保安全，需要严格采取武力。霍布斯认为，君主的权力，必须是绝对的。解决自然状态下各种问题唯一可靠的办法便是，完全服从于唯一的绝对权力。因此，社会契约便创造了“伟大的利维坦，或者更恭敬地说……凡间的神，所有人都将自身的和平与安全交付给了这一不朽的神”。

关于这一契约组织有一点值得关注，那就是人们互相形成了契约——契约并不是臣民与君主共同定立的。相反，臣民将自身的部分权利“免费”交付给了君主，并约定好共同服从他。因此，君主不可能打破契约，因为他不属于契约的一部分。然而，理性要求君主不可以忘恩负义，不能让臣民失望。因此，他必须将臣民的安全作为最高法律。这样看似对君主没什么约束，自我保护基础也很薄弱，似乎君主没什么可担心的。如果臣民后悔把权利托付给了君主，又会怎样呢？如果君主的权力建立在被管理对象的许可之上，那么这许可权会丧失或者被剥夺掉吗？

对霍布斯的批判

人们摆脱自然状态的强烈愿望使得政府的绝对权力趋于合法化。被霍布斯称为“政治的孪生兄弟”的恐惧，是此处的核心问题。霍布斯声称，理性使人们走向自然法则，但是对死亡的恐惧以及不安全感使得人们将自由拱手相让。值得一提的是，恐惧是否真的能引发人们的思考，不但要思考谁有可能带来和平，而且要思考谁来行使至高无上的无限权力。人们或许会像约翰·洛克一样，想知道这种事对于心怀恐惧的世人而言是好是坏，算不算是合理的做法。如果人们连同类都害怕，那么这种恐惧是否会招致重大危险呢？洛克曾经怀疑地问道：“人们总是谨慎行事，担心臭鼬或者狐狸伤害自己，却对狮子充满了好奇，也不考虑自身安全了。他们这样做很愚蠢，不是吗？”我们即便顺着霍布斯对政治责任的看法去思考，也不能说明应该支持他提出的绝对主义。

但是，很多人都是霍布斯的追随者，至少认同他的一些观点，他们认为政治责任依赖于一致意见。如今，社会契约论拥有捍卫者已经有很悠久的历史了。一些人认为社会契约属于盲从。他们采用了苏格拉底的古老观点，认为享受国家提供的舒适生活与保护足以让人们去遵守它。换句话说，这实际上等同于签署合同。哲学家约翰·罗尔斯谈论的并不是自然状态，而是原始状态，并从中导出了各种自由与平等原则，而这些原则本质上并不属于绝对主义。世人难免会猜想，霍布斯本人会不会认为这样做很惹人烦。

主要著作

《论公民》（1642）

这本书堪称最清楚地表达了霍布斯道德与政治哲学的著作，尽管它不像《利维坦》那么有名。

霍布斯在《法律、自然与政治要素》（1640）一书中首次提出，国王的统治权力是绝对的，随后又在《论公民》中重申了这一观点。

《利维坦》（1651）

毋庸置疑，本书最全面地表达了霍布斯的哲学思想。这也是他在道德与政治哲学方面的杰作。

书的一开头就对人的本性与知识进行了唯物主义论述，也对人的意志与自由意志做了决定论说明。不过，这本书最突出的内容在于其对人类自然状态的悲观认识。

他认为这种自然状态指的是与周围人的永恒斗争。他指出，人们正是为了逃避这一残酷命运才组建了联邦，将自身权利托付给绝对君主权威，依靠它来确保人们的安全与福祉。

因此，霍布斯认为，战争是邪恶的。为了避免无休止的战争的爆发，个人必须服从于政府，即便是专制政府。他说过这样一句话，如果不组建联邦，人生就会变得“孤独、贫困、污秽、野蛮而又短暂”。

《利维坦》一书还有第二部分，只不过经常被忽略。这部分内容主要是谈论宗教哲学，曾经给霍布斯惹了麻烦。

第二章　笛卡儿与二元论

——我思，故我在。

勒内·笛卡儿（1596—1650）的言论或许是被引用最多的哲学家了，最常被引用的是那句：“我思，故我在。”不过，相比浅显易懂的文字，这句名言的意味更深，笛卡儿的哲学思想还远不止于此。

当教会盛行对天文学家执行火刑时，勒内·笛卡儿还很年幼。当时的正统思想认为地球是神创造的中心，而呈球体的天体则沿着天赐的圆形轨道绕着地球做弧线运动。伽利略不但通过望远镜观察到了卫星绕着木星做轨道运动，而且还发现至少有一些行星本身并不是球体：它们表面凹凸不平，形状不规则，像是被压扁了。有些行星看上去有些破裂，还有凹痕——根本不是世人想象中的造物主在创造过程中偷工减料的结果。尽管教会一再警告，伽利略还是把这些思想写了出来，因此遭到了宗教法庭的审讯，并被迫公开撤销了言论。

这一切必定对笛卡儿产生了很大影响。10 岁时，他就开始在耶稣会的拉弗莱什学校接受正规教育。这对他也有一定的影响。因为他学习非常用功、认真，所以他从耶稣会那里学到了很多知识。笛卡儿成年后，发现自己被各种不确切的问题搞得焦头烂额。他生气地写道："我原本以为这世上有很多知识值得学习，结果却发现事实并非如此。"假如哥白尼和伽利略的观念是对的，我们又怎能在关键问题上犯这么大的错误呢？不知道地球在哪里，它是否在不停地运动？以及其他行星的状况怎样呢？笛卡儿面对这么多尴尬的问题，找到了唯一的例外——数学。他不只是位数学天才，而且他取得的数学成就让他认识到数学方法或许有一天能够解决其他学科的问题。

笛卡儿（1596—1650）

哥白尼学说

笛卡儿在第一部重要著作《指导心灵的规则》中提出了哥白尼学说，后来又在长篇科学论著《宇宙论》中引用了这一学说。他在科学论著中对伽利略的观念表示认同，提倡哥白尼的日心说，同时认为人类或许也渴望像上帝一样认识世界。《宇宙论》于 1633 年完成创作，同年伽利略几乎被宗教法庭“毁灭”。笛卡儿吸取了伽利略的经验和教训，打消了出版这本书的念头。

四年后，他匿名出版了这本书的部分内容，包括几何学、光学以及气象学思想，并为它作序，也就是现在我们看到的《方法论》。书中不但涵盖了笛卡儿提出的准确推理规则，而且还包括他提出的认识论和形而上学基础知识。之后延续300年的哲学关注重点、目标和假设大部分都出自笛卡儿当时提出的观点。

《方法论》是对笛卡儿数学论证概念的概括。就连最复杂的数学证明也包含一系列步骤——而这些步骤的真实性，以及相互之间的关联很容易理解。笛卡儿指出，所有理性推理也应如此。他将这一方法概括为四条规则：（1）决不把任何没有明确认识其为真的，且没有理由怀疑的东西当作真的加以接受；（2）把所考虑的每一个难题都尽可能地分解成细小的部分；（3）从最简单、最容易认识的对象开始，一点一点逐步上升到对复杂对象的认识；（4）尽量普遍地审视各种情形，确保毫无遗漏。

怀疑与认识

上述的第一条规则或许最广为人知，因为它出现在了笛卡儿《形而上学的沉思》一书的开篇。这本书或许当数近代最重要的著作了。笛卡儿希望通过建立一条或多条真理来为自然科学打下坚实的基础。在这个过程中，他将存在疑虑的观念都排除掉，希望至少有一条观念能够幸存，作为未来得出真理的基础。此处所提到的认识论也出

笛卡儿在瑞典克里斯蒂娜女王的宫廷里讲授哲学。1649 年，他成为女王宫廷的常驻哲学家。次年，他便离开了人世。

现在了他的其他著作中，这一认识论基于认识和肯定之间的严格的关联性。如果人们真的认识了某一观念，就不容许存在任何疑问。认识需要做到肯定。因此，虽然针对笛卡儿第一哲学沉思的怀疑论似乎无法说服普通人，但是要注意的是，笛卡儿一直在追求某一真理。即便他发现某一观念存在丝毫可疑之处——即便原因非常古怪、离奇，他也会摒弃这一观念，不会将其作为寻求真理的基础。

笛卡儿首先注意到感觉具有欺骗性。举个例子，我们会发现木棍在水里是弯曲的，但是智者绝不会相信这是真的，因为他曾经被这一假象欺骗过。那么，我们是否永远都不应该信赖感官判断呢？

笛卡儿的说辞无法证明这一点，尤其是假如我们根本不相信感官知觉，就不会意识到错觉。我们之所以发现木棍事实上并没有变弯，是借助了其他感官的经验证实的。我们会用手摸木棍，或者把它从水里拿出来，看看它是不是弯的。笛卡儿也承认这一点，他说如果单凭奇怪的幻觉就认为自己现在并没有坐在火炉旁边写东西，就有点儿疯狂了。

第二条规则中，甚至连日常看法都进行了分解。人们可能会梦到自己看到了某样东西，而事实上确实也看到了这样东西。做梦时，梦境看起来就像半睡半醒的人生。如果没有一个判断标准能够区分是醒着还是睡着，怎么能知道自己认为的真实看法是不是做梦得出的呢？或许你认为自己手里拿着书，但这种想法是错的。事实上，你睡得很沉，眼睛闭着，手压在枕头下面。问题是，所谓的"能证明人们清醒的判断标准"都有可能在梦中发生：或许你梦见自己在掐自己，醒来之后发现是在做梦，诸如此类。笛卡儿指出，做梦的可能性证明了很多内容。它会质疑要求世界这样或那样的所有想法，只留下对最简单、普遍事物的信念：有关身体与形状、时间与地点的一般事实，以及数学和逻辑学真理等。

通过思考人类的起源，就会对上述那些信念以外的信念产生怀疑。我们很可能是上帝刻意创造的。当然，上帝非常强大，通过他的设定，我们即便在一些简单、普通的事情上都会出错，比如类似数正方形有几条边这样的问题。（如果认为上帝具有欺骗性属于异端邪说，笛卡儿指出，上帝可能就是个心怀恶意的魔鬼，一心想给人类制造困惑。）或者，我们可以将自身的存在归结于一系列偶然的事件，认识到人可能生来就不完美。因此，即便在一些简单、普通的事情上也有可能出错。基于第一条规则，笛卡儿认为他之前提出的所有观念都值得怀疑。

笛卡儿二元论

当然，事实证明，笛卡儿还有一种灵活观念。如果笛卡儿是轻信幻觉，或者受梦境所误导，抑或是被恶魔欺骗，那么他就不会去怀疑自己是否存在了。这是《形而上学的沉思》首先可以肯定的方面，也是笛卡儿哲学思想的基石："每当我说出或想到 '我思，故我在' 这句话时，这个命题就是真的。" 这句话的拉丁文表述是 "Cogito ergo sum." 或许是有史以来最广为人知的哲学妙句。它基于我思，也就是通常所说的第一条原理。笛卡儿希望按照他的方法，构建一系列其他真理。

不过，有一件事是基本确定的，即笛卡儿这里所说的 "我" 只指能够思维的事物——他能够怀疑、肯定、大致理解、期望等，他的身体本质以及整个身体仍然值得怀疑。笛卡儿将这一认识论差异转化为了不稳固的形而上学认识论，即笛卡儿二元论：心灵和肉体是截然不同的两种物质。心灵是能够思考的事物，肉体是心灵的延伸，占据一定空间的事物。关于二者区别的理由在于可设想性：设想心灵可以独立于肉体存在，因此，心灵很有可能独立于肉体存在；既然存在这种可能，那么心灵和肉体不可能是同一事物。当然，可设想性不一定会引发可能性。我们想象到的事物取决于我们的理论与经验背景，它在一定程度上表明了我们的看法，但是不一定会还原世界本来的面目。

心灵与肉体之间的区别也存在其他的问题，最大的问题便是二者之间的互动：笛卡儿认为，心灵并不占据空间，那么这样一种思维实体怎能与占据一定空间的肉体构成因果关系呢？这便是心灵-肉体问题的一种说法。可以说，20世纪的心灵哲学正是旨在努力摆脱笛卡儿留给后人的心灵与肉体理念。我们目前还没有做到这一点，还面临有关二者的很多新区别与陈述——我们甚至设想过一些不太恰当的解决方案。但是，可喜的是，相比笛卡儿，我们更接近解决问题的办法。

不管我们怎么理解二元论，笛卡儿还是对“我思，故我在”做了进一步思考，只认同明确感知到的事物，并特别指出，完美的上帝存在于他头脑当中。他声称，结果至少应该具备与原因同样的真实感与完美，他不可能虚构上帝的存在。因此，他深信上帝是存在的。上帝既是造物主，又是完美无缺的。由于欺骗属于缺点，因此笛卡儿由此推理上帝并不欺骗世人。如果上帝不欺骗世人，那么我们在对可以明确感知事物的认识上并没有受到误导。也就是说，上帝是能够经得起认真审视的信仰。这样一来，恢复对外界世界的特定信仰就简单多了。

你或许会发现这一连串思考都围绕着一个点，那就是上帝的善良保证了个人清晰认知的真实性，上帝存在的证据依赖于上述认知。笛卡儿还遗留给后人一点儿困惑：信仰似乎很容易被破坏，却无法恢复。大多数评论家认为，笛卡儿成功地破坏了信仰，但是他积极地恢复、坚实根基的努力却失败了。当代认识论在很大程度上是在祛除笛卡儿不良影响后的不断尝试。

主要著作

《宇宙论》（1633）

维护了日心说。笛卡儿并未发表该著作，担心遭到教会的责难。

《方法论》（1637）

是《光学、大气现象和几何学》的前言，《宇宙论》的删节版本。它在很大程度上塑造了现代哲学思想，并脱离了培根的科学研究观点以及亚里士多德的哲学思想。

《形而上学的沉思》（1641）

或许堪称近代最重要的一本著作。它将认识论置于哲学思想的中心，并提出了目前仍未解决的怀疑论问题。它向世人推广了笛卡儿的二元论，即认为心灵和肉体是截然不同的物质。当然，它也深深地吸引了宗教哲学家，因为笛卡儿证实了上帝的存在，而且还指出了上帝在世人努力认识世界的过程中所起的作用。

《哲学原理》（1644）

在一定程度上重申了《形而上学的沉思》的形而上学结论，尤其关注肉体与灵魂的关系，也涵盖了关于宇宙结构的新信息。

第三章　帕斯卡与《思想录》

——早在 12 岁时，帕斯卡就独自创立了毕达哥拉斯定理。

布莱瑟·帕斯卡（1623—1662）多才多艺。他虽然英年早逝，却在哲学、数学、物理学和神学领域做出了重大贡献。

帕斯卡在研究宇宙奥秘之余，还发明了一台计算装置，并在巴黎创立了一套马车交通系统（穷人得以受益）。他被认为是 17 世纪出色的知识分子之一。确实，很多评论家都说，就连伟大的哲学家勒内·笛卡儿都嫉妒帕斯卡的非凡才能。

帕斯卡年幼时就表现得很特别。父亲艾蒂安是一名训练有素的律师，也是出色的数学家。身为自然哲学家“梅森学会”成员，他和当时一些非常知名的科学家关系非常密切，并对儿子的教育产生了很大影响。帕斯卡自幼聪颖。他姐姐称，早在 12 岁时，他就独自创立了毕达哥拉斯定理。父亲发现了儿子的数学天赋，于是便开始教他数学知识。没过多久，帕斯卡就自作主张去参加了在梅森家举行的科学讨论会。

帕斯卡（1623—1662）

计算装置便是他早年的成果。他父亲当时是法国鲁昂的首席税务官，这项工作涉及许多非常耗时的常规计算。帕斯卡发明的计算装置能够处理6位数的数字运算，初衷是帮助父亲减少不必要的枯燥工作。虽然事实证明计算装置制作成本太高，没能商业化，但是它能够正常运行，并被认为是世界上第一台手摇式计算器。

真空观

也正是在那个时候，帕斯卡开始从事科学工作，并享誉全球。他对托里拆利所做的一系列实验产生了兴趣。实验表明，如果把一管水银倒置于一盆水银中，那么玻璃管的顶端就会出现空隙。争论的焦点在于空隙里面是什么物质。传统学术思想家认同亚里士多德的观点，即自然界里是没有真空的。他们认为玻璃管的间隙部分存在着某种微妙的无形物质。帕斯卡则认为，不能仅靠权威决定其中的物质。于是，他和皮埃尔·佩蒂特一起展开了一系列实验，为的就是寻找事实的真相。

1647年，经过四年的实验，他发表了《真空实验》一文。其中，他虽然没有决定性地声称玻璃管中存在真空，却详细地解释了管中间隙部分存在某种微妙物质的说法为什么有瑕疵。这就招致了巴黎克莱蒙耶稣会学院院长佩雷·诺埃尔的反对。诺埃尔当时仍然坚持支持传统的亚里士多德的观点。帕斯卡在回应诺埃尔时，明确了他所认为的科学方法论原理，从而在某种程度上预先提出了20世纪的逻辑实证主义，同时指责诺埃尔虚构了一种原则上无法察觉的物质：

> 如果有人要求他们，或者你，展示这种物质，他们会说它是无形的。如果有人问这种物质会不会发声，他们会说它发出的声音听不到，其他感官也无法感知。因此，他们会想，既然别人无法证实这一物质不存在，就说明自己已经成功了，殊不知这样做，自己也丧失了证实该物质存在的机会。不过，我们有充分的理由否认其存在，因为对方无法证明它存在，而不应该单单因为不能证明它不存在便轻信它存在。

帕斯卡在《真空论文集》前言中还进一步论述了科学方法论思想。这本书是他和诺埃尔神父通信几年后完成的。他在书中重申，诉之于权威文章的做法在科学推理中根本站不住脚，并概述了自己的观点，认为科学在不断发展，新一代的科学家会基于前辈传承下来的知识继续探索：

> 大自然的秘密是隐蔽的，虽然她一直在发挥作用，但是人们有时却发现不了她的影响。时间会把大自然的影响证明给世

世代代的人，尽管她总是在产生影响，只不过有时不为人知。我们通过实验能够了解这些秘密，但是那些实验却在不断增加……或许人们目前正是以这种方式选择不同的情感与新的观点，同时不会轻视古人，而是心怀感激，因为他们传承下来的一手知识是我们发现新知识的垫脚石……

帕斯卡为了解释清楚这一问题，选择了一个醒目的意象。他把所有人的学习比作不朽之人的不断学习。换句话说，也就是科学的进步。学习是累积的，用科学术语来说，先人的学习还处在初步阶段。此外，假设以往的科学家早就掌握了人们现在具备的知识，他们也会重新审视当时认为毫无瑕疵的想法。

不过，帕斯卡并没有完全否定权威在探索知识过程中所起的作用。因为涉及神学时，规则就会不一样。事实上，帕斯卡认为，权威是神学真理的唯一衡量标准。当人们想了解超越理性之外的领域时，就会别无选择，只能依赖于宗教经典。

帕斯卡的宗教皈依

对于像帕斯卡这样在探索科学知识过程中如此重视理性与证据的人而言，产生宗教皈依很是难以理解。然而，他去世前几年变得非常虔诚。事实上，1654 年 11 月 23 日晚上，他体验了所谓的“宗教皈依”。这一经历给他留下了深刻印象，随后他将它写在了一张羊皮纸上，然后缝在了外套里面，并一直随身带着。

经历了宗教皈依之后，帕斯卡便开始创作宗教题材类的作品。他的《致外省人书》里包含了 18 封信，于 1656 至 1657 年间出版。这本书严厉地抨击了耶稣会的观点，主要指责耶稣会在神学与道德观念上采取了权宜之计。他指出，耶稣会为了实现政治利益不惜牺牲教义的准确性。这一争端的起源是詹森主义和影响范围较大的天主教会之间的冲突。詹森主义严格忠实于奥古斯丁思想的基督教做法。等到创作《致外省人书》一书时，帕斯卡已然成了坚定的詹森主义者。他介入争端是为了不顾教皇的谴责竭力支持詹森主义。

帕斯卡更为宽泛的神学观点明确阐述了奥古斯丁的影响。他非常认同奥古斯丁的观点，认为人类的堕落导致其精神腐败到了骨子里。人们（当然不包括所有人）只有承蒙天恩才能得到救赎。在他看来，天恩使得得到救赎的人总是会去追随它的脚步。然而，帕斯卡身为虔诚的奥古斯丁信徒，也相信宿命论，即救赎是命中注定的。因此，凡人并不能通过任何努力获得救赎，上帝会决定让哪些人感受到他的存在。

帕斯卡赌注

帕斯卡晚年忙于整理基督教辩解书的开头部分。考虑到他的信仰，这样的行为显得有些自相矛盾。辩解书一直到他去世都没写完，现存部分被整理成了《思想录》。世人正是从《思想录》中找到了著名的帕斯卡赌注。论点如下：上帝要么存在，要么不存在。关于这个问题，必须选择其一，这一现存困境不可避免。如果上帝不存在，即便认为他不存在也没什么损失；如果他存在，那么认为他存在就一定能得到很多，而认为他不存在则会损失很多。

因此，明智的做法便是赌上帝存在，而且能够恰当行事。帕斯卡说："相比误以为基督教是对的而言，我更担心一开始误以为基督教有问题，后来却发现它是对的。"

从这个意义上来说，赌注并不是在讨论上帝是否存在。帕斯卡明白单凭理性论证无法说服异教徒相信上帝是存在的。相反，赌注是为了证明相信上帝的合理性。它针对的不是认为上帝不存在的那些人，而是犹豫不决的那些人，即对上帝心存怀疑但又很感兴趣的人。然而，这与帕斯卡的奥古斯丁宿命论观点格格不入。帕斯卡预料到，如果人们的信仰本质不是救赎，那么努力说服他们宗教信仰有多大功效就会招致批评。他解释说，上帝或许会选择通过其他人完成任务，因此他有责任努力让人们相信上帝。不过，虽然这样回答或许可以解释帕斯卡的目的，但是帕斯卡赌注能否成为行动动机这件事尚无

年轻的帕斯卡为了帮助父亲计算纳税申报单，设计并制造的第一台计算器。

定论。如果人的未来是命中注定的，为什么还要干这干那呢？为什么不坐等上帝采取行动呢？

帕斯卡赌注至今仍然很有影响力，被看作是决策论的早期例子。确实，学术界认为赌注就是帕斯卡最为著名的一点。然而，这在某种意义上而言是不幸的，因为帕斯卡产生的影响非常广泛。到了21世纪，他的科学与数学著作或许要比宗教护教学更具影响力。

主要著作

《真空实验》（1647）

这本书基于四年的实验研究，对传统观点——“自然界里是没有真空的”提出了反驳意见。

《致外省人书》（1657）

这是一部书信集，共18封信，严厉地抨击了耶稣会的观点。这本书主要指责耶稣会在神学与道德观念上采取了权宜之计，他们愿意为了政治利益而牺牲教义上的精确性。

《思想录》（1670）

这本书主要在为基督教辩解。一直到帕斯卡离世，他都没能写完这本书。其中包含了一系列短文和格言警句。本书以著名的帕斯卡赌注为特点，并指出相信上帝是合理的。

第四章　洛克：现代经验主义之父

——洛克的理论激励了后来的美国革命与法国大革命。

约翰·洛克（1632—1704）主要关注社会问题和认识论。在社会问题上，他的观点经常和托马斯·霍布斯的观点背道而驰。关于认识论，人们通常把洛克、大卫·休谟和贝克莱主教一起称作“英国经验主义学者”。

人们普遍认为约翰·洛克是现代经验主义之父。他认为，知识主要来自经验，而非天赋观念。毋庸置疑，他也是位颇具影响力的道德和政治哲学家。一些人甚至认为，他的思想促成了美国和法国革命。当时，他在哲学从学术以及古希腊思想中解放出来的过程中付出了很多努力，因此，他当属英国近代最伟大的哲学家。一些人对他的评价更高，称他是“英国有史以来最伟大的哲学家”。当然，身为名人，他和其他很多人一样有一些共同点：那些掌权者不止一次以牺牲他的生命威胁他。

洛克（1632—1704）

洛克出生在英格兰萨默塞特郡的威灵顿村，父母都是坚定的清教徒。父亲把他送到伦敦的威斯敏斯特中学，让他接受早期教育。当时，他寄宿在学校。毕业后，他于1652年申请到了牛津基督教堂学院的奖学金。也正是在那里，他开始用代码写字，用隐形墨水保密作品。他的许多论文和著作一开始都是匿名出版的。他一生都过得神神秘秘，而且似乎对一些看似无可非议的朋友都存有疑心。

政变

毋庸置疑，受他在牛津结识的朋友兼同事罗伯特·波义耳的影响，洛克开始对当时新科学取得的成绩以及其观察方法产生了浓厚的兴趣。当时，他最好的朋友是艾希莉男爵，也就是后来的安东尼·库珀伯爵（沙夫茨伯里伯爵）。安东尼非常看重洛克，请他当自己的私人医生，还安排他住在自己在伦敦的住所里。洛克在许多方面为安东尼提供了帮助。而在安东尼的帮助下，洛克也得到了几家公共董事会的委任。洛克曾担任种植园事务委员会秘书，据称这期间他表现非常出色。后来，他还被任命为委员会理事。可以说，洛克的仕途非常顺利。

然而，资助人沙夫茨伯里伯爵当选斯图亚特王朝在野党领袖后，洛克的命运便发生了改变。1681 年，沙夫茨伯里伯爵因被怀疑犯有叛国罪遭到审讯，随后又被无罪释放。尽管如此，洛克考虑到自己与伯爵的亲密关系，担心自己可能也会受牵连。他的猜测是对的。1683 年，洛克逃亡到了荷兰。詹姆斯二世坚决要求荷兰人将他遣送回英格兰，以方便审理他的叛国罪。荷兰方面没有同意这一要求。但是，洛克有一段时间还是不得不躲藏在支持他的人家里。虽然说他长达十年的流亡生涯很悲惨，但是这一经历也为他提供了充足的时间，激发了他的创造力，使他得以集中精力创作他的两部著作。这期间，他的创作断断续续，一直持续了大约十年。1687 年，洛克成了奥兰治亲王威廉三世的顾问。威廉登上皇位后，洛克便回到了英国，负责护送后来的玛丽女王。王室为他提供了大量职位，他也一一任职，同时也抽时间完成了上述两本书的创作。

《政府论》

在所有著作中，《政府论》陈述了洛克的政治哲学，当属时代的产物。第一篇驳斥了君权神授的观念，而第二篇的影响最为广泛。洛克在第二篇中指出，生活在假想的自然状态下的人民在政府不存在的情况下对上帝负有一定责任，不应该损害他人的生命、财产或自由。同时，也有权保护自身生命、财产和自由。托马斯·霍布斯认为，只有独裁统治者才能保护自然状态下的人不受他人伤害。而洛克的观点则与之相反，认为人民组建政府是为了方便办事，是为了指定一位或多位统治者保护他们在自然状态下的权利。虽然理性要求人民遵守某些法律，但是并非所有人都有同等理性。人民内部有可能产生合理分歧，他们需要一位或多位公正无私的统治者，这是政治义务和社会契约的原则性动机。还有一点与霍布斯的观点不同。洛克认为，社会契约建立在人民与他们任命、选择的捍卫者之间。因此，政府与人民同时肩负一系列契约责任。这一点影响重大。举个例子，掌权者如果有残暴行为，很可能得允许人民推翻其政府。

《人类理智论》

洛克的另一部著作名为《人类理智论》。洛克称自己在为沙夫茨伯里伯爵效劳期间曾与几个朋友展开过一场深刻讨论，由此产生了灵感，创作了这本书。据一位亲历者称，当时的讨论主题为道德与启示。由于当时的讨论没有任何进展，因此大家决定“有必要审视自身的能力，看看什么是我们的理解力适合处理的，什么是不适合的”，然后再考虑进展问题。这次探讨的核心是想法的概念，因为洛克认为想法是指“人在思考时的理解对象”。思想适合处理什么样的内容取决于想法

奥兰治亲王威廉，英格兰后来的威廉三世，洛克流亡荷兰那些年，威廉曾是他的保护人。

的性质。洛克认为，这一问题取决于想法的实际产生过程。

这本书第一篇论文反驳了天赋观念这一学说。该学说认为，人的大脑中至少包含一些并非源自经验的观点或原则：有些观点只不过是人内在的一部分。天赋观念这一学说最先出现在柏拉图的思想中，显然，很多经院派学者都认同这一点，包括笛卡儿（他要求具备一定的前提条件）和近代的莱布尼茨。只有洛克一人不予苟同。

天赋观念学说

洛克认为天赋观念学说意味着世间存在人人都认同的观点或原则。他指出，事实上并不存在人们普遍赞同的观点。他举例说，就连需要证实原因的逻辑原理都得不到普遍认同。"'是就是是'或许可以作为一条原则，但是'小孩和傻瓜'根本就不知道这一原则，更别提认同它了。"

或许对方会反驳说，具备理性的人，或者说最终恢复理性的小孩，会认同这些原则。这就表明这些原则是与生俱来的，深深地印在人们的脑海里，等待被发现。洛克认为，这种天赋观念没法被证实。首先，这一学说证明了太多东西：它认为理性发现的任何事物（包括数学真理），都是与生俱来的。其次，即便人人借助理性认同某一原则，也无法证明这条原则就是源于天赋的。关于观念起源的任何其他解释或观点也可以用来反驳。或许洛克提出的经验主义学说，以及他对反对观点的陈述，能够更好地否定天赋观念学说。

洛克指出，人出生时内心一片空白，人生经历才是各种思想与观念的源头。感觉的观念源自感官经验，通过感官与外界的接触产生。反思的观念则源自内省，即人们会注意到通过感官获得的观念在内心的活动。观念通常被分为两大类：简单观念和复杂观念。简单观念“只不过是内心的一致现象或概念，不可以区分为不同观念”。复杂观念则是由简单观念组成的。人的内心无法生成简单观念，却可以将存储的简单观念组合并改变成复杂观念。

第一性质和第二性质

人们很容易对自身观念、洛克的认知对象以及外界事物之间的关系产生疑惑。洛克在此提出了物体第一性质与第二性质的第二大区别。第一性质与物体“密不可分”，无论物体经历任何变化，第一性质都会始终不变，它也是“物体微粒”的一部分。洛克指出，固体性、延展性、形状、体积和运动属于物体的第一性质，而第二性质则“不存在于物体内部，而是通过物体第一性质使人产生各种感觉的力量”。洛克将颜色、味道、触感、气味和声音归为了第二性质。举个例子，人们对柠檬形状的认识反映了外界世界中柠檬的本来面目，但是柠檬的味道却不一定具有同等作用。

简单观念与复杂观念之间的区别，以及第一性质与第二性质之间的区别，对人类理解的范围具有重大的启示意义。洛克在书的末尾讨论了真假观念，从而或多或少地从经验主义的角度概括了人类的理解范围，而他所得出的结论产生了深远的影响。举个例子，洛克认为，复杂观念容易使人误入歧途。人们可能会将简单观念结合起来，但是结合体却不一定符合自然现状。休谟认为，哲学小说中的持久自我、必要的因果关系以及外部事物就属于这种情况——所有这些观念似乎都缺乏相应合理的感官印象。此外，还引发了人们对物体性质的认识与物体本身之间的关系问题，贝克莱对这一问题做了令人信服的阐述。洛克对第一性质与第二性质的区分说明，人的观念中至少有一些无法表明世界的本来面貌。这一观点很容易引发人们思考哪些观念展示了世界的本来面貌。

洛克的影响

洛克的一生中有许多困扰。批评者认为经验主义只能导致怀疑主义，然而，事后来看，洛克的作品产生了更大的影响。他的思想造就了休谟和贝克莱的必然出现，以及康德和他创造的惯例，更不用说哲学范畴内或哲学以外许多经验主义的表现了。最近，洛克的影响在实用主义者、逻辑经验主义者的作品中屡见不鲜。认为哲学应该借鉴经验科学的学者，以及在努力工作的哲学家们，都说明了洛克的影响力。

主要著作

《政府论》（1690）

这本书涵盖了洛克最出色的政论文。第一篇论文概括了洛克对君权神授观点的批判。第二篇论文提出了洛克的观点。他认为政治义务主权在民。

《人类理智论》（1690）

是洛克最伟大的哲学成就。他创作这本书是为了明确人类心灵适合理解哪些内容。书中涵盖了他对自我、世界以及上帝认识的衡量。这本书最著名之处在于洛克对天赋观念学说的颠覆。这一举措给17世纪的经验主义带来了新起点。

第五章　斯宾诺莎与《伦理学》

——政治的目的是自由。

巴鲁赫·斯宾诺莎（1632—1677）深受哲学家与哲学系学生的钦佩与喜爱，伯特兰·罗素曾评价他是“最高尚、最受喜爱的伟大哲学家”。

罗素指出，尽管斯宾诺莎深受世人喜爱，不过由于他提出了宗教异端邪说，因此还是难免遭人谩骂。的确，年轻时，斯宾诺莎因为提出“可怕的异端邪说”而遭到犹太社区驱逐。他之所以麻烦不断，是因为对上帝与宇宙的异端认识。

斯宾诺莎（1632—1677）

斯宾诺莎于 1632 年 11 月 24 日出生在阿姆斯特丹，父母都是秘密的犹太人。也就是说，他们曾被迫信仰基督教，却秘密信奉着犹太教。父亲是一位成功的商人，曾经为了免遭迫害移居阿姆斯特丹，并在当地的犹太社区担任要职。斯宾诺莎小时候在当地的犹太学校和犹太会堂接受过教育，还学习了希伯来语和犹太神学。放学后，他还跟着家庭教师学拉丁语、德语和欧洲其他一些语言。父亲希望他能成为犹太学者。然而，等到斯宾诺莎 20 岁时，他显然不会成为犹太学者。

从犹太教起步

斯宾诺莎受家庭教师弗朗西斯·范·德恩·恩登的影响，对希伯来语老师感到越来越不满意，反而开始认同大量异端基督教团体的信仰，其中最明显的便是学院派。这就导致他与影响更广泛的犹太社区之间的关系紧张了起来。1653 年，事态发展到了紧要关头。当时，他认为《圣经》中没有证据表明上帝不是血肉之躯，而且拒不悔改。他被逐出犹太教会 30 天后，遭到了诅咒，同时被永久地驱逐出了犹太会堂。得知自己的命运后，他这样说："很好。这样一来，我就不必因担心出丑闻而去做一些违背心愿的事情了。"

考虑到宗教权威对他的处理方式，他用毕生心血创作的两部著作中有一部旨在呼吁宗教宽容与自由绝非偶然。1670 年，《神学政治论》匿名出版了，这本书认为《圣经》应该是一部基于史实、文化底蕴深厚的文献，这无疑指出了《圣经》作者的狭隘认识。举个例子，斯宾诺莎否认《圣经》中的神迹属于超自然现象，声称它们只不过是自然现象，却因为《圣经》作者的知识匮乏而让人们产生了误解。不过，斯宾诺莎认为《圣经》的确阐述了前后一致的道德观（即基于爱意的），他还认为《圣经》中并没有明确表示支持宗教偏执。

斯宾诺莎的《伦理学》

斯宾诺莎因为神权认识而惹上了很多麻烦，由于他认为到处都是上帝，因此这带有一定的讽刺意味。确切地说，他认为所有现存事物都是某一物质的外在表现。更准确地说，这一实体物质就是上帝或大自然。他在最著名的作品《伦理学》中表明了这一观点。他去世不久后，几位朋友帮忙出版了这本书。

《伦理学》一书晦涩难懂，这在一定程度上源自它的结构形式。斯宾诺莎以几何形式编排了这本书内容，从前提到结论的整个演绎论证过程相当严密。伯特兰·罗素说，当代学生没必要非得理解斯宾诺莎技术论证的细节，只需要重点关注这本书注释和附录部分的非正式备注即可。

《伦理学》一书虽然内容深奥，但它无疑是西方哲学最经典的一部作品，因此其中的有些论据还是值得一读。斯宾诺莎在这本书第一部分提出了形而上学的观点，认为现实只包含一种物质，那便是上帝或大自然。他指出，这一实体物质具备无限属性，然而，人类只能了解其中两方面属性，即物质延伸与思想。人类本身并非独立存在的现实，他们只是无限上帝的一些外在表现。

不难理解斯宾诺莎的观点为什么会被当作是异端邪说：他认为上帝并非创造了大自然，而是等同于大自然；人类并非上帝的臣民，而是上帝的一些外在表现。此外，斯宾诺莎的观点对一些基督教神学标准也有一定影响。或许最重要的一点是，他认为世间发生的一切只不过是上帝或大自然的必然表现，不受人的自由意志所左右。这样一来，罪恶便没了定论。

斯宾诺莎非常清楚自身著作产生的影响。他声称："自己按照头脑中的自主决定行事的人，包括说话、沉默或者有其他任何行为，都是在做白日梦。"正是因为他们没有认识到自身行为产生的真正原因，才得以坚持梦想：

> 经验和理性都非常明确地告诉我们，人之所以认为自己是自由的，只是因为他们虽然意识到了自身行为，却不清楚决定行为的原因。此外，显然头脑的指令只不过是欲望的代名词，因此会根据身体的不断变化而变化。（《伦理学》）

《伦理学》的启示

罪恶与诅咒的启示很明确。如果一切都是注定的，那么道德责任呢？如果杀手不具备选择不谋杀他人的自由，那么他是否应该为自身行为负道德责任并不明确。如果宇宙万物只是上帝的某一外在表现，那么怎么能判断什么是坏的或者错的呢？有意思的是，斯宾诺莎在回答这些问题时对莱布尼茨处理邪恶的方式做出了预期。他指出：从上帝的角度来考虑，罪恶并不邪恶，因为从总体上而言，罪恶并没什么负面影响；人类之所以能看到世间的罪恶，是因为他们不明白现实是怎样成为整体的。换句话说，他和莱布尼茨一样，认为人们对邪恶的认识因他们对神的无知而扭曲。

不过，斯宾诺莎的理论体系对人们的生活方式也有一定的启示意义。他认为，人类的任务是像上帝一样认识现实。也就是说，从永恒的角度去认识现实。或者，用他的话来说，要“以永恒为前提”。如果能做到这一点，就能享有自由；如果能够认清人类在大现实中所处的位置，并认识到它的优点，就不会产生某些情感，尤其是由人类有限性引发的希望或恐惧心理。比如，斯宾诺莎指出：“自由人很少考虑死亡问题，他的智慧在于思考生存，而不去想死亡的问题。”

关于《伦理学》一书的观点在斯宾诺莎时代为什么不能被正统基督教所接受，需要明确说明的是，那些观点和基督教信仰的许多核心原则都背道而驰，包括人类的堕落、相信耶稣基督就可以得到拯救与永生，以及上帝是人类之父等。

斯宾诺莎知道出版这部伟大的著作会招致宗教组织的辱骂。事实上，这本书还没出版就遭到了辱骂。他在给英国皇家学会秘书亨利·奥尔登堡写信时这样说：

> 有传闻称我即将要出版一本有关上帝的书，而且称我在书中竭力想证实上帝并不存在。于是，一些神学家便乘机在王子和地方法官面前数落我。或许正是他们制造的谣言……当我从可靠人士那里得知这一消息后，还了解到这些神学家处处等着攻击我，我便决定延迟出版，看看事情进展如何……

事实上，斯宾诺莎在世时，《伦理学》并没能出版。1676年，斯宾诺莎身体状况开始恶化。有一阵子，他还患了肺结核。由于他以磨光学镜片为生，这进一步加剧了病情。1677年2月21日，他英年早逝，享年45岁。传记作者称，正如他的哲学思想所要求的那样，他临死前非常平静、毫无怨言。

如今，哲学家对斯宾诺莎的评价意见不一。《伦理学》被认为是西方哲学史上伟大的成就之一，但是很少有人去研究它的细节内容。这或许是因为斯宾诺莎的形而上学理论得不到重视——泛神论，即认为上帝无所不在，一直以来都属于边缘理念。当它与泛心论（简单来说，就是认为思想无处不在）相结合时，就会变得更加边缘化。不过，斯宾诺莎的伦理观则很有针对性，尤其是他指出要从整个现实的角度审

摩西将红海一分为二，让犹太人得以从埃及追赶者手里逃脱。斯宾诺莎认为，类似这样的奇迹只不过是自然现象，这一观点并不利于他融入正统犹太教。

视人类的劳动。这样做并不是为了降低道德敏感，而是为了帮助人类更好地认识到自己只不过是宇宙万物中微乎其微的一部分。伯特兰·罗素在《西方哲学史》中指出，生活在痛苦的人世间，这样的思考“有助于做到通情达理，同时也能够消除绝望与麻痹”。如果他说的是对的，那么斯宾诺莎的哲学思想至今都具有一定的价值。

主要著作

巴鲁赫·斯宾诺莎一生只出版了一部重要著作(《神学政治论》)。他的出色作品《伦理学》虽然于1675年完成了创作，却一直到他去世后才得以出版。

《神学政治论》（1670）

本书认为《圣经》应该是一部基于史实、文化底蕴深厚的文献，这无疑指出了《圣经》作者的狭隘认识。它匿名出版有一定的原因，因为斯宾诺莎担心宗教组织不会接受它。

《伦理学》（1677）

这是斯宾诺莎的重要著作，也是近代哲学的经典著作。斯宾诺莎在书中诠释了形而上学主义，认为现实只包含一种物质，那便是上帝或大自然。斯宾诺莎在世时，《伦理学》没能出版，因为他担心外界对这本书的反应过于激烈。

第六章　莱布尼茨与哲学乐观主义

——我们的宇宙，在某种意义上是上帝所创造的最好的一个。

戈特弗里德·莱布尼茨（1646—1716）除了具备一些其他成就之外，还发明了与艾萨克·牛顿微分学不一样的微分学——如今使用的大部分微积分符号与名词都源自莱布尼茨。他在符号体系和语言方面颇有天赋，也是符号逻辑领域的先驱。

在大多数人眼里，莱布尼茨只是伏尔泰创作讽刺人物邦葛罗斯的灵感，这实属他的不幸。邦葛罗斯是伏尔泰小说《老实人》当中的人物，尽管他遇到的灾难接连不断，却仍然坚信在理想的最美好的世界里的一切都是为最美好的目的而设。莱布尼茨的哲学思想表述有一定的道理。伏尔泰将其称之为“形而上学—神学—宇宙学”。但是，如果认为莱布尼茨是粗俗、愚笨之人，那就大错特错了。事实上，他在当时属于重要的知识分子。

莱布尼茨出生于1646年7月1日。父亲当时在莱比锡大学教授道德哲学。他 6 岁时，父亲就去世了，因此他主要由母亲抚养。母亲在养育他的过程中非常细心，鼓励他发挥非凡的智力才能。他小时候为了看懂李维的作品，自学了拉丁文。由于可以自由进出父亲的私人图书馆，他得以系统地阅读了古人的作品，包括西塞罗、希罗多德、塞内卡以及柏拉图。

莱布尼茨 15 岁就上大学了，一开始去了莱比锡大学，后来又上了阿尔道夫大学，毕业时取得了法学与哲学双学位。1667 年，他博士毕业后获得了教授职位，但是他却拒绝了聘任，选择去美茵茨选帝侯大主教的法庭担任外交官。这一决定对他的常识的拓展而言非常重要。1672 年，他被大主教派遣至巴黎执行外交任务，并在那里待了四年，期间在欧洲学术界树立了声望，结识了当时一些知名的思想家，包括数学家惠更斯和神学家、哲学家马勒伯朗士。

莱布尼茨在巴黎期间展示了广泛的知识兴趣。也正是在那期间，他奠定了微分学的基础——和牛顿提出的微分学不同——这一成就使得子孙后代都铭记他，即便他并没有取得重大的哲学成就。他在很多领域都颇具天赋。和布莱瑟·帕斯卡一样，他也发明了计算装置，还设计了各种风力和水力的矿山排水泵，这些泵本来是想用来排矿的（不幸的是，它们却没发挥这个功效）。他还在

莱布尼茨（1646—1716）

地质学、物理学甚至历史学方面做了很多重要工作。

或许因为莱布尼茨兴趣广泛，他一生都没能将哲学思想系统化，一辈子只出版了一部著作——《神正论》，他更愿意以一系列短文以及长篇信件来表述哲学思想。他的著作也习惯于围绕着许多关键主题展开。

最完美的世界

或许莱布尼茨的思想中最重要的当属伏尔泰在《老实人》中讽刺的哲学乐观主义。莱布尼茨认为，现实世界是最完美的。在现代人看来（包括以伏尔泰当时并不现代的眼光来看），这一观点有些难以置信，但是莱布尼茨认为可以根据理性主义神学来进行推理。简单来说，本体论论证表明，上帝作为最完美的事物是存在的。既然他是完美的，那么他就会要求创造出的事物也是完美的。因此，现实世界应该是最完美的。

不用说，这一推理过程迅速引发了一系列深层次的问题。即便暂不考虑本体论证明问题，它也存在一些问题。比如，很有可能并不存在完美世界，因为上帝很有可能只能从无穷多个世界中选择一个，而每次选择的世界都会比上一个更完美。针对这一批判意见，莱布尼茨给予了反驳，理由是这样一来，上帝会被迫做出任意选择：

> 如果认为上帝在做任何事情时都不是根据自身意愿，这就不符合上帝的荣耀，即便不考虑这一行为是否可能。举个例子，

> 假如上帝要在A和B之间做出选择，最终选择了A，却没有任何理由。我认为，我假设的上帝的这一行为至少不值得称赞，因为所有的称赞都必须基于一定理由，其中不存在假设。我认为上帝无论做什么都值得称赞。（《形而上学论》）

或许莱布尼茨乐观主义面临的最大问题在于“罪恶问题”。简单来说，它认为世间的罪恶表明无所不能的慈爱上帝并不存在——虽然这一观点有很多不同表述。莱布尼茨在此面临的问题是：他认为完美的上帝会创造完美世界，问题是，世界显然并不完美。举个例子，只需要考虑黑死病产生的影响即可。因此，按照他的推理，不可能存在完美上帝。

莱布尼茨注意到了这个问题，而且对此做出了大量回应。比如，他指出，有可能在不做出任何改变的前提下将世间所有罪恶都消除，本身就大错特错。因此，虽然人们或许觉得如果1665年伦敦不爆发大瘟疫的话，世界将会更美好，但是事实上他们并无权做出这样的判断。他还提出，人类的幸福是否是衡量世界美好的标准。作为替代方案，他认为最完美的世界具有最简单的假设和最丰富的现象。换句话说，越简约越完美。

单子论

莱布尼茨的哲学乐观主义并非只体现在神学领域，它还体现在他著名的形而上学物质论中。莱布尼茨晚年认为，现实世界是由无限多个个体或单子构成的。这些简单、不可分割、类似灵魂的实体不具有延展性、空间位置、形状，或者任何物理特征。莱布尼茨这样描述：

> 单子……是一种简单物质，它们共同构成了混合物。“简单”的意思是“不包含任何部分”。既然存在混合物，那么必然存在简单物质，因为混合物就是简单物质的集合……这些单子是自然界的真实原子，也就是物质元素。（《单子论》）

莱布尼茨基于这一最初构想，推断出了大量的单子的其他特征。比如：他认为这些单子是存在的，只有借助神的力量才能摧毁它；单子没有“通道”，任何物质都不能从中进出，因此它们不受其他实体行为的影响。这就意味着它们是自身活动的唯一源泉，它们也具备知觉与欲望（即其感知状态发生变化的依据）。

那么，无生物又如何呢？比如电脑、床和书籍。既然莱布尼茨认为单子属于灵魂实体，那么他肯定不会认为上述物体是由单子构成的吧？答案是否定的。他认为它们也是由单子构成的，只不过是裸露单子，而不是属于人类思想的自我感知单子。莱布尼茨认为单子按照无限层级的顺序排列：上帝作为至高无上的单子位于最顶端；人类思想位于中部，因为它们能够进行理性思维，具备自我意识；由于裸露单子只略微具有洞察力，因此处于最底端。

毫无疑问，这一观点听起来有些古怪，而且还存在一个问题，即世间万物之间存在相互作用。既然莱布尼茨认为单子无法相互影响，那么由单子聚集构成的物体怎么可能影响彼此呢？莱布尼茨的哲学乐观主义正是在此发挥了作用。他指出，单子的规则性是由仁慈的上帝预先设定好的，单子是按照业已存在的和谐状态彼此共存的。换句话说，他认为上帝所创造的宇宙，任何单个单子的行为都会自动地通过其他所有单子的行为反映出来。

莱布尼茨的哲学立场发展相对缓慢。部分原因在于，前面已经提到过，伏尔泰在《老实人》中对他哲学乐观主义的讽刺给他造成了一定损害。还有一方面原因在于他的著作并没有得到系统出版，这表明世人过了很长时间才认识到他作品的重要意义。然而，伴随着《人类理智新论》的出版，他的名望越来越高。这本书创作于 17 世纪末 18 世纪初，主要是他对洛克《人类理智论》一书的长篇批判，一直到他去世后 50 年才得以问世。如今，莱布尼茨被认为是 17 世纪伟大的哲学家之一。现今哲学领域的许多观点和思想（比如，充足理由律、不可区分之同一性以及可能世界等）都出自他的著作，或在其中有所预示。

和其他很多哲学家一样，莱布尼茨的晚年生活过得并不好。与英国科研机构就他所提出的微分学原创性争论过后，他便开始和牛顿的弟子塞缪尔·克拉克就时空性质通信，期间生了很多气。1714 年，他的雇主乔治·格奥尔格在英格兰登上了王位，却没有邀请莱布尼茨参加登基仪式，很可能是因为莱布尼茨撰写的不伦瑞克皇室史没多大进展。两年后，11 月 14 日，星期天，莱布尼茨在汉诺威去世，享年 70 岁。一个月后，他被葬在了不知名的墓穴里。身为 17 世纪伟大的学者之一，他一生享有很多盛誉，而且去世后也被追认为全世界伟大的哲学家之一，而这一结局确实令人叹惋。

主要著作

戈特弗里德·莱布尼茨生前只出版了一部著作——《神正论》，他更喜欢以一系列短文和长篇信件表述思想。《剑桥莱布尼茨学派》是了解这部著作很好的着手点，其中还包含了罗杰·阿里鲁写的一篇短文，详细介绍了莱布尼茨的生平与著作。

《神正论》（1710）

本书副标题为“论上帝的善良”，主要是在为莱布尼茨哲学乐观主义与上帝的关联进行辩解。其中对“罪恶问题”进行了详解。

《单子论》（1714）

本书一直到莱布尼茨去世后才得以出版，是对莱布尼茨观点的简短概括，认为现实是由无限多的实体或单子构成的。这些简单、不可分割、类似灵魂的实体不具有延展性、空间位置、形状，或者任何物理特征。

《人类理智新论》（1765）

本书创作于17世纪末18世纪初，一直到莱布尼茨去世后50年才得以出版。他对约翰·洛克的《人类理智论》进行了详细的批判性讨论与回应。

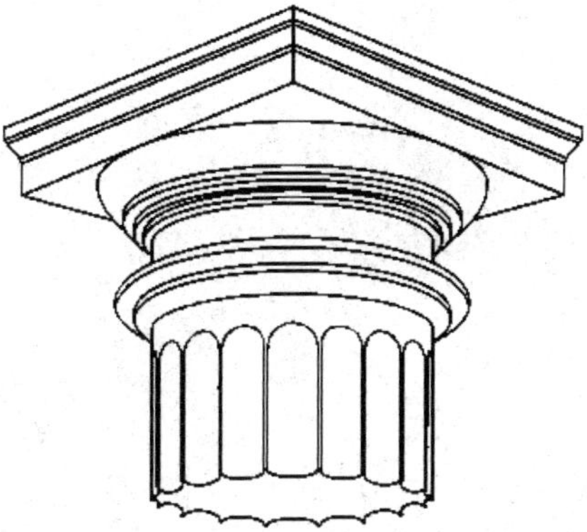

PART 4

启 蒙

近代哲学的中晚期

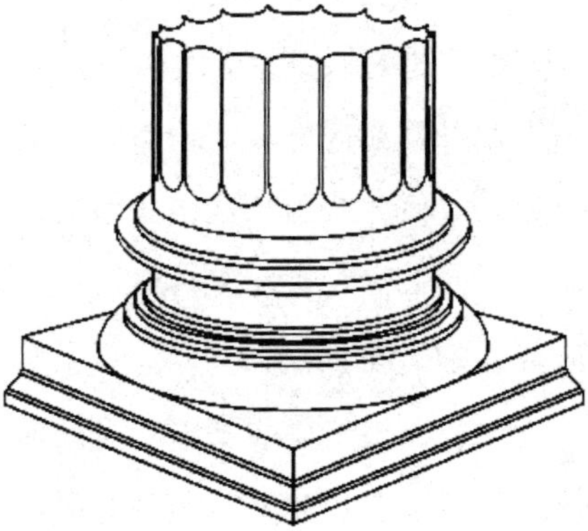

第一章　贝克莱与唯心主义哲学

——“存在”就是被感知。

乔治·贝克莱（1685—1753）是位哲学家，他提出了激进观点，认为一切存在都是人的心灵与想法。该理论遭到了塞缪尔·约翰逊的嘲笑，但是其本身要比看上去更加复杂。

人们对事物的理解与事物的本来面目之间存在一定差别。如果不信，可以用一根手指用力戳眼睛，一直到出现重影为止。产生这一现象，要么是因为戳眼睛使得外界事物暂时成双了，要么是其他东西成双了，也即我们对外界事物的认识或事物内部表征成双了。认识到这一差异后，我们会进一步发现自己看到的并非物质事物，而是凭借内部表征或心理表象感知到它们的。于是，我们很有可能会提出各种问题。比如，我们怎样能知道心灵表征与世界的本来面目是否一致呢？我们只具有表征，不可能越过躯体，将其与事物的本来模样做比较。更糟糕的是，我们怎么知道外界是否真的存在呢？

这涉及外界的哲学问题，并不容易解释。

或许乔治·贝克莱提出的解决上述问题的办法最为激进，它彻底否认了物质世界的存在，即人类心灵体验基础的存在。贝克莱认为，如果能够接受只存在人的心灵与想法，就不难质疑外界事物的存在了。

虽说贝克莱的哲学立场非常激进，但他的人生却并非如此，关于他为什么会萌发这么奇特的想法无从说起。他出生在基尔肯尼，先后就读于基尔肯尼学院和都柏林三一学院，于 1707 年毕业，并留校任教。三年后，他被任命为英国圣公会教堂的神职人员。在都柏林期间，他提出了唯心主义理论，被任命为神职人员。1710 年，他出版了《人类知识原理》，其中阐述了唯心论的细节内容。很快，

贝克莱（1685—1753）

他的职位就遭到了世人的嘲笑，还被当成哲学家们行为疯狂的证明。塞缪尔·约翰逊曾经这样嘲笑贝克莱，他踢了一脚石头，然后说："我因此反驳他。"

贝克莱的《人类知识原理》一书或许堪称有史以来对唯心主义最为严密、清晰的论述，而他在世时这本书却遭到了严重忽视，包括他对视觉与运动的论述。此书共有六个版本。

贝克莱平心静气，继续努力，出版了《海拉和菲伦诺的三篇对话》，本书耐心地引导读者理解贝克莱哲学立场背后的动机，同时对异议进行了处理。说得委婉些，虽然贝克莱的观点有些让人难以接受，但是他的作品却很实用。两部著作为他赢得了一些声誉——而随和的性格与个人魅力为他赢得了更多名誉，但是，他在伦敦学术界颇受欢迎却是因为大家把他当成了趣闻。他游览过欧洲大陆，成为三一学院教师，最后成为主教。若不是他在晚年时期出版了一些稍显离奇的书，他大部分人生经历并不能反映他的奇思妙想。

1744 年，《西里斯：针对焦油冷浸剂的功效以及其他相关内容展开的一系列哲学反思与探究》一书出版了。这部奇特的书包含了很大一部分神秘主义，同时对饮用水与松脂混合物的功效进行了认真探讨。

想法与心灵

贝克莱在论述唯心主义时首先区分了想法与心灵。他指出，人类知识的所有对象要么属于感官即刻感受到的想法，比如，咖啡的味道、桌子的凉意、透过窗户看到的视觉图像等；要么是人们对情绪的认识，再或者是他们借助记忆力与想象力形成的看法。我们会对集中起来的感官体验命名。我们称光滑的圆形红色物体为“苹果”。与想法不同，心灵属于积极事物——进行认知、感知、感觉、意愿、想象并记忆的事物。心灵不属于想法，“而是与想法截然不同，想法存在于心灵中……被心灵所感知，因为某个想法存在的意义在于被感知”。

最后一点需要强调一下：想法只能存在于心灵中。柠檬的味道不可能独立于心灵而存在，只能在品尝、记忆味道的过程中实现存在。衬衫的手感、质地以及穿上后手腕周围的松紧度只有在穿衣服的人感受到之后才可能存在。味道和感觉需要去闻味道的人和去感受的人，否则就不可能存在。这些看似简单的论点正是贝克莱需要证明的内容。接下来，我们来了解其中几个论点。

贝克莱认为，桌椅可以独立于心灵存在的观点自相矛盾。桌椅是人们感知到的事物，人们感知到的内容属于感官想法（这把椅子有些不平整，呈灰黑色，一坐上去就会发出嘎吱声）。“如果认为上述任何一个或几个特征不会被察觉到，岂不前后矛盾吗？”不平整感怎么可能独立于心灵存在，而不被人感知呢？不被感知的感觉本身就自相矛盾。

第一性质与第二性质

看到这里，我们可能要提出质疑，简单而言，我拥有外界事物的内在表征，其中一些表征性能取决于我，只存在于我的内心。类似颜色之类的特征实际上并不存在于物体中，光线经物体反射，并对我产生了一定影响，给予我看到红色的体验。我知道物体本身并非客观地显现为红色，不管我是否盯着它看。或许物体表面的不平整感也是如此。不过，其他一些特征确实属于物体本身，比如形状、位置以及它的运动状态。这些都独立于人的内心而存在。这与洛克对第一性质（独立于内心）和第二性质（依赖于内心）的区分理论相呼应。贝克莱则不同意洛克的观点。

他认为，两大性质之间的差异会形成由内心判断决定的事物特征，没有哪个物体只具有第一性质。贝克莱认为："我想到某个实体时，不可能只看到它的延展性与运动状态，而是同时会赋予它某种颜色或其他可感知的特征，而这些特征只存在于我的内心。"

如果在缺乏依赖于内心事物的前提下，所谓的"独立于内心的事物"本身无法想象，那么它其实也是依赖于内心而存在的。

人们或许承认知识的直接或间接对象是内心表征，但是继续声称表征代表的是外在的东西，即独立于内心的现实。举个例子，人们的视觉成像就是对外界真实事物的表征。然而，贝克莱指出，"一个想法和另一个想法有区别"。他认为想法反映了外界或者外界的一些部分，比如颜色反映了外界一些之前并未被发现的事物。贝克莱叹息道："无论是否有意义，我认为颜色是无形的东西。"

那么，人们对贝克莱所持观点的质疑又该如何解释呢？如果所谓的"物体"就是想法，只有被感知到才存在，那么从背包里拿出三明治后，它还属于你，这种情况又该如何解释呢？三明治装在背包里时，你去哪儿，它就跟着去哪儿，但是谁也看不见它。人们看不见三明治时，它就不存在，但是它却在午饭时莫名其妙地出现了。贝克莱不是也反对这一荒谬的观点吗？唯物主义者则认为物质确实存在，是感官体验的基础。他们可以快速地解释三明治再次出现的现象：事实上，它一直存在于独立于心灵的外部世界。贝克莱所谓的“外界”缺乏人类感知产生的物质基础，他的解决方案是上帝。

上帝的心灵

如果想法（包括三明治），只有在被感知到时才存在，那么虽然别人看不到三明治，但是有某个心灵肯定在不停地感知三明治，才使得它持续存在。即便人们把目光转移到别处，三明治——包括整个世界仍然一直存在着，只不过是以某种特定的方式存在着。自然世界的模式与规律有待人类去发现，我们的心灵感知范围有限，不可能时刻感知外界的一切事物。贝克莱从知觉经验的规律中发现了仁慈的上帝存在的证据。因此，他指出：“我们看到、听到、感受了以及以其他任何方式感知到的任何事物都是神的力量发出的神迹，以及产生的影响。”

这一认识显然是在以一种可疑事物来替换另一种可疑事物。如果贝克莱想通过证实物质概念的不一致性、混乱或者神秘性来推翻物质基础的话，以神性的奥秘来代替物质的奥秘是行不通的。

但是，贝克莱对这类神秘事物感到很满意。显然，他这样做在一定程度上是因为他对唯物主义赋予人类的冷漠、无神论现实感到厌恶。如果宇宙只不过是太空中持续运动的物质，那么就谈不上道德或有神论，更不可能讨论人生在整个宏观宇宙中的重要性了。贝克莱在论述唯心论时，很清楚自己的想法非常危险。他还认为自己的看法有助于解决世人对外界的怀疑，并重建普通人的信念。他坚持认为："我用眼睛看到的事物，以及用手摸到的事物的的确确存在。对于这一点，我没有任何疑问。我们所否认存在的唯一事物便是哲学家们通常称之为"物质"或"有形物质"的东西。这样做并不会对人类造成任何伤害。而且，我敢说，他们也绝不会错失它。"

至于贝克莱是否提出了与普通人观点一致的世界观，这个问题尚待讨论。包括休谟在内，很多人认为贝克莱也属于怀疑论者。不管他人如何描述贝克莱的结论，显然，要想答复他提出的问题可远远没有踢一脚石头那么简单。

主要著作

《人类知识原理》（1710）

这本书是贝克莱的杰作，或许也是现存对形而上学唯心论最为清晰也是最好的表述。贝克莱在书中除了反驳唯物主义与抽象概念以外，也明确地阐述了唯心主义值得肯定的理论，以及它能够证实上帝的存在。

《海拉和菲伦诺的三篇对话》（1713）

本书以对话的形式引导读者理解唯心主义。适合在阅读完《人类知识原理》之后阅读，因为贝克莱在书中刻意努力说服怀疑论者。

《运动论》（1720）

本书以贝克莱的唯心主义观点诠释牛顿的物理学说。

第二章　拥护理性的伏尔泰

——18 世纪法国资产阶级启蒙运动的泰斗。

弗朗梭阿－马利·阿鲁埃（1694—1778）是法国启蒙作家、自然神论者、哲学家，世人都称他伏尔泰。他的主要贡献并不在于他对哲学的创造性贡献，更多在于他虽然身处残暴与迷信充斥的时代，却仍然能够保持理性。

按照如今的标准（其实也是大多时代的标准）来看，伏尔泰出生时，法国社会残忍到了极致。人民生活在宗教迫害的压抑下，一旦和当时占据主导地位的天主教会起冲突，就会招致很严重的灾祸。1762 年，图卢兹的一位店主让·卡拉斯就因此付出了惨重的代价。40 年来，他一直默默无闻，和妻子、六个子女过着平静的生活。他有个儿子原本想当律师，但是因为是新教徒而遭到了拒绝，因此极度郁闷，于是自杀身亡了。此后，有谣言称卡拉斯是杀害儿子的凶手，为的就是阻止他皈依天主教。尽管缺乏这方面的证据，而且卡拉斯之前也没有任何不良记录，他还是被判了刑，并因此而丧生。

3 月 16 日，卡拉斯被绑在两个铁圈之间，四肢伸展一直到脱臼。他没有当场死亡，他便继续证明自己的清白。为此，他接受了残酷的审讯。刑讯人员把水灌进他嘴里，一直到他的身体肿胀成平常的两倍。由于卡拉斯仍然不供认罪行，他们便把他绑在绞刑台上，打断了他的四肢，眼看着他死去。两个小时后，他们发现他还活着，便有些同情他，就直接把他掐死了。

伏尔泰（1694—1778）

当时，伏尔泰正处在事业的鼎盛时期。他得到了皇室的扶持，做生意发了财，还成了享誉全球的启蒙哲学家、为被压迫者奋斗的战士。当他听说让·卡拉斯的案子后，马上开始着手为他洗清罪名。整个过程花了三年时间。后来，经过写信、出版《论宽容》一书，并投入大量的时间与资金等，伏尔泰终于成功地为让·卡拉斯洗清了罪名。美国伟大的世俗论者罗伯特·格林·英格索兰称，伏尔泰临终前返回巴黎时，赢得了众人的欢呼，被称为“让·卡拉斯的保护者”。

拥护理性

如果涉及其他伟大的哲学家，就值得谈谈他们拥护理性的故事了，但是，就伏尔泰而言，这只不过是个逸闻趣事——同时揭示了他享有盛誉的原因。伏尔泰是最具影响力的启蒙思想家，他一生中大部分时间都在拥护理性，揭露并蔑视宗教权威主义的暴行与荒谬言行。他仇视无知、神秘与迷信，矛头往往会瞄准基督教。因此，英格索兰说，一听到伏尔泰的名字，就难免会引发牧师心中的怨恨：

> 只要在神职人员面前提及伏尔泰的名字，就会发现这相当于宣战。只要说出他的名字，神职人员就会一改以往的温顺与宽容，开始对他进行一连串的谩骂与诽谤。尽管如此，伏尔泰是当时的伟人，而且比其他任何人在解放人类方面做出的贡献都要多。（《伏尔泰》）

虽然伏尔泰的人生经历并不能表明他会成为18世纪最臭名昭著的异教徒，但我们还是比较容易发现他早年的叛逆劲头。早在他7岁时，母亲就去世了。父亲是虔诚的天主教徒，独自将他和哥哥抚养大，哥哥是个狂热的宗教徒。伏尔泰10岁时，虽然没有表现出对宗教的特殊兴趣，但还是被父亲送去路易德·格兰耶稣会学院接受教育。后来，他说自己在那里只学会了拉丁文，以及一大堆没用的东西。父亲希望他能成为律师，但是伏尔泰却另有打算。1713年，他作为助手随一名大使去了荷兰。结果没过多久，他便因为一个姑娘染上了麻烦，于是“很不光彩”地被遣送回国。

父亲对这件事反应非常强烈，曾威胁他要被禁足。压力之下，伏尔泰明智地接受了律师事务所的工作。然而不久后，他又惹上了麻烦。他开始喜欢上了写诗和格言警句，被当局发现后，他被流放到了图勒。他回国后，又遭到了拘留，并被发送到巴士底狱待了一年（期间便取名伏尔泰）。

伏尔泰在法国的生活一直混乱不堪，一直到1726年他前往了英格兰，并在那里待了两年。正是在这期间，他开始认真地思考哲学问题，《哲学通信》和《形而上学论》两部著作都是在此期间完成的。他表示自己的思想深受在英国期间经历的影响。举个例子，他和洛克一样，也反对天赋观念学说。粗略地说，这一学说认为有些观念（比如对上帝的认识）并非基于人们以往的经历——在这一点上，他主要认同笛卡儿的观点：

> 永远不需要别人来使我确信自己一直以来的看法：和洛克一样，我也认为自己并非出生后不久就已经很博学了；认为自己并非那时就知道出生时忘记的很多事情；认为自己并非在母亲腹中（这里没有任何用意）就具备一些知识，真正用到它时却很容易忘掉；认为我的人生并非从来都不会一帆风顺。（《哲学通信》）

灵魂的本质

关于灵魂的本质，伏尔泰持怀疑、消极的立场。他批判洛克的反对者，因为他们认为物质灵魂学说必定是对宗教意识的公然冒犯。没有任何理由可以认为，力量无穷的造物主不能赋予人体器官感觉与思考能力，即人的理性。关于物质的真相，伏尔泰认为还存在争议。

当然，他有充足的理由认为人类是由思维物质构成的。但是，涉及灵魂不朽的问题，他大体上持不可知论观点——他认为单凭人类理性无法证实灵魂的不朽。

然而，也正是在这一时期，他对灵魂不朽的不可知论引起了人们的关注。他属于自然神论者（也就是说，他相信上帝造物主的存在），至少认为相信灵魂不朽对人们是有好处的。他最早的自然神论是天意学说，他认为宇宙展示了牛顿成功诠释的神迹秩序与规律。虽然他不相信干涉主义的上帝，却认为上帝在创造人类的同时，也赋予了他们过上美好生活的必要道德品行。

伏尔泰一直都很清楚，乐观主义因世间邪恶与苦难现象的存在而遭到威胁。即便不能很好地处理这一问题，他在早期作品中也给予了这方面重视，至少内心是这么想的。然而，随着时间的推移，他渐渐偏离了这一立场，尤其对莱布尼茨的哲学乐观主义感到不满。粗略地说，莱布尼茨认为，理智的上帝创造的这个世界是尽善尽美的。

体验过人类苦难的非理性与随机性之后，伏尔泰内心的悲观主义情绪进一步加剧了。尤其是里斯本地震的发生，其原因似乎无法用乐观的自然神论来解释。地震发生在1755年诸圣节，当时教会里的人熙熙攘攘，地震导致9000栋建筑被摧毁，3万人因此而丧生。伏尔泰以诗歌的形式表达了那次灾难的哲学意蕴：

来吧，那些呐喊“一切都好”的哲学家，
想想被毁灭的世界。
看看人类的这些碎屑与灰烬，

伏尔泰和赞助人——普鲁士王国的弗雷德里克在户外。不过，二人之间的关系并不总是很友好。

堆积的母子残骸，
大理石柱下这些散乱的肢体——
地球吞没了十万人的生命。
他们受尽了蹂躏，满身血淋淋，浑身发抖，
丧生在舒适的屋檐下，
遭殃的人生饱受痛苦与折磨。

——诗歌《里斯本地震》

乐观的邦葛罗斯博士

伏尔泰对莱布尼茨乐观主义的最典型驳斥体现在他最著名的作

品《老实人》中。这是一部讽刺小说，男主人公赣第特生活在愚蠢的世界里，到处充斥着随机的与不必要的痛苦。然而，他的导师邦葛罗斯博士一直坚持形而上学－神学－宇宙学学说，认为在理想的最美好世界中一切都是为最美好的目的而设。赣第特在经历了接二连三的灾难之后，发现越来越难以接受邦葛罗斯的乐观主义，他渐渐体会到面对人类苦难时抽象哲学思辨的无望。不过，小说结尾处体现了乐观思想：或许人类生活在无情的现实中，但是绝望并不能解决问题；相反，人们应该采取务实、有效的行动。用赣第特的话来说，“让我们来培育花园吧”。

从原创思想的角度来说，伏尔泰算不上伟大的哲学家，他不像休谟和康德那么有名。他的伟大在于面对神秘与迷信学说时，他能够积极地推动理性，而且最终成功地实现了启蒙运动。至今，他的名字仍然能够引发强烈反响。他仍然是持有《圣经》无谬论的那些人公愤的焦点。他们会开心地说（当然，他们的观点是错的），伏尔泰丧生于动乱中，临死前因为自己的“异端邪说”而悲痛忏悔。其他人则认为伏尔泰是英雄：在偏执面前，他最能代表理性的光芒。正如罗伯特·格林·英格索兰所说：“半个世纪以来，他经历过严刑拷打与火刑，坐过地牢，待过教堂，登上过圣坛，接近过王权，能够勇敢地拥护神圣的理性。它的光芒最终将照亮整个世界。”

主要著作

《哲学通信》（1733）

这是伏尔泰重要的启蒙著作，是他在英格兰待的两年所受的启发。书中包含了一系列短文，涉及政治、宗教、哲学和文学。

《形而上学论》（1734）

这是伏尔泰系统论述哲学思想为数不多的著作之一。本书的创作深受约翰·洛克哲学的影响，以提出自然神论著称，和伏尔泰后期著作中的悲观主义形成了鲜明对比。

《老实人》（1759）

这是一部讽刺小说，对莱布尼茨的哲学乐观主义进行了取笑。本书主人公的导师名叫邦葛罗斯，他认为在理想的最美好世界里一切都是为最美好的目的而设，尽管有大量证据表明事实并非如此。

《论宽容》（1763）

本书是在让·卡拉斯事件发生之后创作的，是对宗教偏执的长篇声讨，也是对人性友爱之情的诉求。

《哲学辞典》（1764）

本书广泛论述了伏尔泰的哲学兴趣，涵盖了自由意志、终极因、烈吻缠绵以及赤身裸体等词条。

第三章　休谟与《人性论》

——当自我不被考虑到时，便没有骄傲或谦卑的余地。

毫无疑问，大卫·休谟（1711—1776）当属苏格兰最伟大的哲学家。或许他也是18世纪最伟大的哲学家，这个世纪本身就伟人辈出。

休谟或许要算近代最伟大的哲学家、经验论者，他也是最伟大的不可知论者——这一学说或许最接近理性思考。他还是近代最伟大的分析哲学家——优秀的研究生经常会被要求拜读他的著作，希望能从中受益。

休谟出生在爱丁堡，父亲是休谟伯爵世家的后代，母亲出身律师家庭。休谟曾就读于爱丁堡大学，父母希望他学习法律。后来，他却发现自己除了哲学、文学与历史，对其他学科都颇为反感。由于缺钱，他生活俭朴、勤勉，主要靠自学。有人认为休谟曾经遭遇过精神崩溃，究其原因不得而知。不过，他后来放弃了独立搞研究，开始在糖果店当店员。所幸的是，他在那里只工作了四个月就被解雇了，于是又开始搞研究。

1734 年，他搬去法国居住，并创作了《人性论》。他返回英格兰时原本期望这本书能让他大受欢迎，谁承想却几乎没有人重视它。休谟痛惜道："这本书一经出版就不幸夭折，就连粉丝也没有针对其做出任何评论。"不过，有一部分人例外。他们借这本书指控休谟的无神论学说与不道德行为，从而阻挠他担任爱丁堡的教授职务。休谟一生都没有担任学术职务。

正如休谟自己所说的那样，他"生性开朗、乐观"，虽然《人性论》一书没能受到关注，但是他很快就振作了起来，将这本书改写成两本更容易理解的短篇著作，分别是《人类理解研究》和《道德原则研究》，并出版。结果，英国公众又一次对其无动于衷。（据评论家说，能够理解休谟的同辈人很可能只有托马斯·里德和伊曼努尔·康德了。）休谟后来作为英格兰大使助理回到了法国，成为沙龙文化最受欢迎的人，后来还成了公众人物。1754 年，他出版了《大不列颠史》，并最终如愿成名。这本书不同于他以往的哲学著作，受到了广泛关注，出了六个版本。他去世后出版了《自然宗教对话录》，这本书自然而然和之前的《人类理解研究》和《道德原则研究》共同被认为是有史以来最重要的哲学著作。

休谟（1711—1776）

人性研究

休谟希望通过哲学作品实现很多目标，但是最重要的是，他希望在人性研究方面能得出类似牛顿对运动的还原解释。他希望能够“发现秘密源泉与原则，并以此激励人心”。他的发现完全属于不可知论：我们认为重要领域的合理或正当信念，事实上是基于理性之外的东西。

休谟区别了很多对象，至少需要了解三对区别才能理解他的观点。第一对区别是印象与观念：“内心的感知（比如天气太热时，人会感到难受）与事后对感知的反思和想象预期之间存在很大的差异。”前者是生动的印象，后者则是说服力较差的观念。

人一生经历的五个不同时期，从婴儿到残骸。休谟问：“人真的能挺过这种种变化吗？”

第二对区别涉及观念的本质：观念分为简单和复杂两种。和洛克的看法一致，休谟认为简单观念不可以分解为更为简单的观念，而复杂观念则是由两三个简单观念构成的。有一点非常重要，即乍一看，简单观念给人的印象相对简单，但是复杂观念则不一定是这样。

因此可以说，尝一口凤梨就会对它的味道产生简单的看法，因为这样可以获得感觉印象。看一眼结构牢固的桌子就能对它产生复杂观念。但是，要想对独角兽形成复杂的看法，或许需要借助想象力将对马和号角的简单印象拼凑起来才行。人们可能会误认为自身的复杂观念等同于亲身经历的外界事物，而事实上这些观念只不过是虚无的，属于想象力的产物。

事实与观念

第三对区别存在于“人类理性或研究对象”：观念与事实之间的联结。观念是通过独自思考或反思发现的命题。通过思考，我们能够理解数学与逻辑学真理。事实上，否认这些真理就会自相矛盾。举个例子，2+2=4 就描述了观念联结，因为否认这个等式就会引发矛盾。然而，事实不仅仅取决于思考，还需要了解外界的秩序才能发现这些真理。比如，需要通过亲身体验才能证明“外面下雨”这个命题是真的。单单否定命题不会引发矛盾，也不会给我们带来任何帮助。休谟认为，命题只有事实与观念这两种，只有找到某一命题的相关证据，才能证明确实理解了该命题。

休谟通过这三对区别与独创思维得出了以下这条令人担忧的结论：理性不会影响人们对自我、外界或者归纳推论的认识。接下来会对这三方面一一论述。

关于因果关系

假设我自称得知总统刚刚辞职，证据是我手上有一则新闻报道。休谟认为，我这样做相当于超越了现有的理性证据（报纸），进行了因果思维——认为新闻报道是总统辞职这一原因产生的结果。休谟认为，因果思维是人们超越现有狭隘感官经验的唯一方式，有助于人们从已观察到的事实联想到未观察到的事实，从现在联想到过去和未来。由于过去有某些特殊原因（政治事件），并由此产生了特殊影响（新闻报道），因此我认为这种因果效应会继续存在。目前来看，这种效应并没有什么改变，和过去一样。人们推理的基础是归纳原理：未来和过去一样。但是，休谟提出，怎么能证明这一原理的合理性呢？

这一原理不属于观念联结，因为其否定命题（未来不会和过去一样）很容易想象，也不存在自我矛盾。同时，也不能依据事实、经验真理证明这一原理，因为这样做太过迂回。人们会说，未来会和过去一样，因为过去就是这样。这相当于采用归纳法来证明归纳原理，这样不太合适。休谟认为，引导人们笃信某些原因会产生某些影响的并非理性，而是习惯。事实上，人性才是人的思维基础。

那么，人们对不朽自我的认识又如何呢？即认为人或自我会长期存在下去。当我看到自己小时候的照片时，会认为看到的是以前的自己。我还会乐观地认为，自己在往后 20 多年也会是同一个人。那么，肯定存在自我之类的东西，能经得住各种变化，让我成为我。休谟承认，我们会产生这样的观念，但是真正的观念肯定源自某种印象。但是，当他审视内心，进行自我反思时，发现并不存在证明这一观念的永恒印象，只发现了一大堆不断变化的观念，却没有发现永恒自我。因此，休谟得出结论，认为自我这一概念是虚无的，属于想象力的产物。

不可知论

永恒存在的外界事物与外界的占有主体（即心灵）之间存在很大区别。那么，我们是如何对它们形成认识的呢？当然不可能凭感觉对这些事物产生看法，因为这样相当于并没有感知到永恒存在的外界事物，却声称对它们产生了感觉印象，实属荒谬。除此之外，休谟对贝克莱认为的理性产生观念进行了批判。如果说感觉与理性做不到，除了想象力，还有什么能让人相信永恒事物的存在呢？

目前还不清楚休谟为何得出了对人类理性的不可知论观点。休谟本人也感觉到有压力，有时候也承认他暂停研究、更多地投入生活时发现自己得出的结论行不通。不过，他在其他方面的哲学推断则非常清晰。身为图书管理员，休谟在下面这段话中提到了除数学（抽象推理）与感觉印象（实验推理）以外书籍的价值。他写道：

> 我们在图书馆匆匆浏览各类书籍，并相信其中的原理时，应该怎样对待它们呢？如果我们随便拿起一本书，比如神学或者形而上学理论，可以思考以下问题：书中包含有关数量的抽象推理吗？没有。书中包含有关实际真相与存在的实验推理吗？

没有。那就把它付之一炬吧：因为它只不过讲了一些歪理邪说和错觉而已。

或许我们尚不清楚休谟思想产生的全面影响，因为我们仍然在向他学习。只可惜如果当时情况稍有不同，休谟很有可能会给世人留下更多哲学财富。假如休谟在世时能够吸引大量读者的关注，得到广泛理解，那么他或许能够更好地应对批判与质疑。因此，我们不禁会为哲学的这一大损失而惋惜。

主要著作

《人性论》（1739）

休谟在世时这本书遭到了忽视，但是它显然是伟大、重要的哲学著作之一。全书分为三部分——围绕理解力、激情与道德展开，创作初衷在于全面分析人性。

《人类理解研究》（1748）

这本书是《人性论》的缩减版本之一，内容更为通俗易懂。本书或许是休谟最有趣的短篇著作。内容包含他对归纳问题的简单陈述、关于因果必然性的推测、对神迹的公开反对，以及有关不可知论性质的指导思想等。

《道德原则研究》（1751）

休谟希望借助本书创建道德体系，内容涵盖实用性与情感，不涉及宗教教义。

《自然宗教对话录》（1779）

本书的内容极具争议性，因此一直到休谟去世后三年才得以出版，而且是匿名的。书中对关于上帝存在这一问题的所有重要依据展开了一系列反驳。

第四章　卢梭与法国启蒙运动

——伏尔泰结束了一个旧时代，而卢梭开创了一个新时代。

让－雅克·卢梭（1712—1778）出身贫贱，后来成为18世纪法国启蒙运动的重要人物，和狄德罗、伏尔泰等伟人齐名。

和其他伟大的哲学家一样，卢梭的人生经历也非常丰富。他出生在日内瓦，父亲名叫艾萨克·卢梭，是一名钟表匠，母亲苏珊娜·伯纳德在他出生后不久就离开了人世。卢梭10岁之前，都是由父亲抚养的。也正是在这期间，他渐渐喜欢上了文学。他在《忏悔录》一书中指出，自己有时候会整夜和父亲一起阅读浪漫小说。那些小说都是他母亲生前收藏的，母亲的这一爱好使得卢梭很早就对情感萌发了兴趣。1719年之后，他开始被更严肃的作品所吸引，包括普鲁塔克的《希腊罗马名人传》和奥维德的《变形记》。

早期的经历对卢梭后期政治与社会思想的发展影响很大。例如，他对自由的忠诚以及对共和党理想的同情就源于这一阶段：

我一直都忙于罗马与雅典事务，和两国的杰出英雄人物交谈（如果可以这样表述的话）。我身为共和国公民，父亲的主要兴趣是爱国，因此我了解很多这样的人物实例。我会想象自己是个希腊人或者罗马人，非常乐意洞察我在阅读中了解到的人物性格。在诵读坚韧或无畏人物经历的过程中，我会感到万分激动，目光炯炯，诵读语气分外有力。（《忏悔录》）

卢梭（1712—1778）

然而，1722年，情况发生了变化。卢梭的父亲因为与他人争吵，被迫离开日内瓦，不然就得坐牢。之后，卢梭被送到波塞的表亲家里，那个村子离卢梭的家乡不远。两年后，他又回到了日内瓦，跟着叔叔生活，之后去当学徒雕工。其间过得很不开心，经常受师傅欺负。最终，他离开了那里，听从了庞特维教父的建议，去寻求华伦夫人的庇护。华伦夫人以保护天主教信徒著称。得到她的庇护也是卢梭成功的原因之一。在随后的十年间，他接受了完整的教育，挖掘出了对音乐的兴趣，并开始考虑当作家。1733年，他虽然有些不太情愿，但还是勉强做了华伦夫人的情人。

然而，两人的恋情并没能长久。1742年，卢梭搬去巴黎居住。如果说遇见华伦夫人是他青年时期的转折点，那么搬去巴黎便是他成年后的转折点。他到达巴黎不久后，便和知识渊博的狄德罗成了朋友，并在巴黎学术界树立了良好声誉。1750 年，卢梭的第一部重要作品《论科学与艺术》出版了，这让他一举成名。这本来是一部参赛作品——他凭借这篇文章赢得了比赛，文中提出了一个问题，即科学与艺术进步是否会提高道德。和后期作品相比，卢梭在这篇文章中提出的观点非常天真。不过，它却奠定了他一生中作品的核心内容，也就是文明时代的到来在某种程度上腐化了人类的性善。

关于发展

卢梭在《论科学与艺术》中指出，艺术与科学进步往往伴随着道德堕落，这些领域的成熟是人类懒散的结果，也表明了他们偏爱奢侈。这些迹象非常明显的社会很容易衰败。因此，举个例子，埃及、雅典和罗马的文化发展到一定水平后，就会不可避免地衰落。过不了多久，这些国家就会陷入外国势力的桎梏之下。卢梭认识到往往只有少数名人可以为人类的命运做出切实的贡献，至于其他人："让我们继续保持默默无闻吧。不要觊觎永远不可能获得的名誉。从现状来看，即便我们完全有资格获得它，追求这样的名誉也只会导致付出很大的代价，不足以弥补损失。"（《论科学与艺术》）

这篇文章的发表引起了法国学术界的一场风暴。人们认为这是对启蒙思想（改进人类最大的希望在于发展，而发展需要靠社会摆脱过往的迷信与神秘残余势力）的强硬抗议。从简单意义上来说，卢梭的确不认同这一观点。他第二部著述的出版进一步证实了这一点，主要围绕不平等的起源展开。

在第二部著述的第一部分，卢梭提出了“高贵野蛮人”或“野蛮人”的观点。野蛮人独自过着平静的生活，主要关心直接需求的满足，很少有深谋远虑，也很少用到语言或者社会生活的其他任何东西。这一观点与其他一些哲学家的观点形成了鲜明对比，比如霍布斯认为自然状态下，人的生活很阴暗、野蛮、短暂。当然，这是重点，因为卢梭希望告诉世人：人类之所以存在恶习，就是因为他们生活在社会上；由于会不可避免地出现不平等，而且会不断加剧，因此人的恶习也会加剧。

理性与真理之凯旋：让-雅克·卢梭在 18 世纪晚期的这幅版画中指出，哲学会揭露理性与真理，这些理性与真理因为错误和谎言被隐于世。

卢梭并不完全清楚野蛮人最初是如何脱离自然状态下的孤寂生活的，他提到人口的增加以及艰难时期最低限度合作的优势可能是原因所在。不过，有一点可以肯定，那就是人们一旦习惯于彼此之间的固定关系后，竞争、嫉妒以及侵犯产生的时机就会成熟：

> 人人都开始审视他人，同时希望被他人审视，每个人的公众信誉都有了一个值。唱歌和跳舞最好、最英俊、最强大……

口才最好的人，最能受到尊重：这是不公平产生的第一步，也是恶习产生的第一步。这些最初的喜好一方面会引发虚荣与轻视，另一方面则会引发嫉妒与羞辱。这些潜移默化的新作用日积月累，就会对幸福与纯真产生致命的影响。（《论人类不平等的起源和基础》）

按照卢梭的观点，要不是因为私有财产的出现，这种情况会是比较良性的。确实，他指出：最先圈地并声称自己对那片土地有所有权的人建立了公民社会；一旦有人头脑简单，相信了他的观点，就会不可避免地产生公民社会，用来解释并保持财产关系——不平等关系。从根本上而言，私有财产是不平等现象以及由此引发的道德败坏的核心问题所在。

《社会契约论》

卢梭认为人类不可能回归自然状态（确实，他认为自己描述的那种自然状态很可能从来都不存在）。当然，这样就引发了一个问题：人类在目前情况下怎样才能更好地处理各项事务呢？卢梭在最著名的著作《社会契约论》中力争回答这一问题。

与马基雅弗利的关注点相比，卢梭在写这本书时，主要关注主权的合法性。他提出论点的依据是“公共意志”的概念。在组成社会群体之前，个人可以自由地追求自身的利益。然而，人们一旦和他人形成固定关系后，这种自由必然会被剥夺。尽管如此，生活在社会群体中的人仍然可以享受自由。那就是说，如果每个成员都能分享群体的主权。自由的前提是按照群体的“公共意志”行事。

“公共意志”

“公共意志”这一概念很模糊。它要求人们在作为主权机构的成员行事时能够抛开个人、局部的利益，只为实现共同利益。这在实践中能否实现还存在争议。卢梭自己也很清楚在实现上述愿望之前需要满足一些条件，尤其需要消除巨富与赤贫。同时，还需要制定教育制度，鼓励市民愿意为公共利益谋福利，还要求政府无论采取什么样的形式（关于这一点卢梭没有指定），都要既独立又从属于主权机构，并遵循人民的公共意志。

或许公共意志可能引发的最多批评在于，它事实上等同于大多数人的独裁权。显然，这并不符合卢梭的初衷。虽然他谈到人民“被迫成为自由之人”，但是他却致力于实现自主与自由。然而，问题确确实实存在，并不会因为公共利益不够显著而减少问题——只不过人与人之间很可能存在利益冲突。

《社会契约论》于1762年出版，这一年也标志着卢梭的命运开始走下坡路。虽然他仍然处于学术发展顶峰，但是他那本教育学论著《爱弥儿》引起了当局的关注，导致他被迫逃离巴黎。他余生的大部分作品都旨在为早期作品的立场辩护。他患上了妄想症，而且病情不断加重。他一度认为自己启蒙运动时期的老朋友和友好争论的对手（比如狄德罗、伏尔泰、达朗贝尔等）想要暗算他，他甚至怀疑曾经帮助他前往英格兰的大卫·休谟也是他们的同谋。然而，尽管面临诸多困难，他晚年时开始创作并完成了伟大的自传著作《忏悔录》。这本书展现出来的率真时至今日仍然非常了不起。

1778 年，卢梭离开了人世，却赢得了很高的声望。他对自由与平等的承诺意味着他很快会成为法国革命的重要标志。直到今天，他的思想仍然拥有重要地位，他的几部重要著作成为政治理论的准则。同时，他本人也是社群主义与社会政治学界的重要人物。

主要著作

《论科学与艺术》（1750）

这是散文竞赛的一篇优胜参赛作品，它让卢梭一举成名。虽然内容不够成熟，但是它提出，文明时代的到来在一定程度上腐化了人本性善，这一观点引发了强烈争议。

《论人类不平等的起源和基础》（1755）

这篇文章对洛克等哲学家的思想进行了批判，它指出私有财产是现代社会所有邪恶现象的重要源头。

《社会契约论》（1762）

这本书通常被认为是卢梭的杰作，尽管人们在这一点上也存在一定异议。它指出君主应该表达社会主体的公共意志，要求个人在作为社会主体成员行事时能够抛开个人与局部利益，只为实现共同利益。

《爱弥儿》（1762）

这是一部教育学论著，提出了“自然”教育理念。在现代社会腐败现象被消除的情况下，人们或许会更乐于合作，并做到彼此尊重。

《忏悔录》（1782）

这是一部非常了不起的自传，其最大的特点就是真实。其中描述了卢梭自儿时到老年的生活经历。

第五章　康德与理性批判

——人不能被判为奴，他只能自认为奴。

路德维希·维特根斯坦曾经说过，阅读哲学“是一种痛苦”。当时，他脑子里想到的可能就是伊曼努尔·康德（1724—1804）——康德的作品尤其令人费解。

康德在发明专业用语方面的天赋有时候不能引起他人的关注。人们会发现他运用那些词语的微妙手段：读者会在空白处写下注释，焦虑地追踪着他用词的变化。显然，他对使用标点符号心存恐惧，从而导致笔下的句子难以想象地长——有些长句长达数页，都不见一个句号。尽管如此，康德无疑是伟大的哲学家之一。

康德出生在东普鲁士的哥尼斯堡（也就是现在的俄罗斯加里宁格勒），除了几次短暂的短途旅行之外，他一生都不曾离开过家乡，一直到离开人世。他上的是当地的高中，考上了哥尼斯堡大学，毕业后留校任教，1770 年被任命为逻辑学与形而上学教授。

据说，康德的生活十分有规律。当时，广为流传着一个故事，称哥尼斯堡的家庭主妇都是按照他下午散步的时间设置时钟的。他每天下午都准时去散步，遇上下雨天，佣人会撑着伞老老实实地跟在他后面。晚宴也是严格根据时间表举办的，晚上会安排固定的时间段展开政治讨论，讲述有趣的逸闻趣事，谈论音乐等。客人说，康德每天晚上的活动都安排得非常棒，他们感觉非常充实。由于康德一辈子都习惯独自用早餐，一天早上，有位朋友未事先通知就到访，他实在受不了和他人一起吃面包、喝茶，于是便要求朋友离席。

康德（1724—1804）

关于上述故事是否可信并不清楚，尤其是康德的许多学生也分享了他的故事。他们并不完全认同上述某些描述。以下是一则典型的分享：

> 他壮年时期仍然过得像年轻时那样开心、快乐，我认为他老年时期会仍然如此。他额头宽大，擅长思考问题，总是表现得泰然自若、非常高兴。经常滔滔不绝地说一些富有思想的话语，非常幽默、风趣。讲的课也非常有意思。

虽然康德本人一生去过的地方很有限，但是他讲的课、早期的作品与兴趣则非常广泛。他写过地理、数学、人类学、物理学、宇宙学、生物学、逻辑学、形而上学以及伦理学方面的书，也讲过这些课。他一直在教课，但是有一段时间（将近十年）没有发表过任何作品。这是因为他当时在潜心研究解决哲学重大问题的全新方法。

批判著作

1781年，康德的杰作《纯粹理性批判》出版了，由此打破了沉寂。随后十年内，他又出版了两部几乎同等重要的著作《实践理性批判》和《判断力批判》。1804年，他离开了人世，在这之前的十年内，他还发表了大量其他重大著作。以上提及的这三种批判涵盖了康德提出的解决形而上学、伦理学以及美学重大问题的方案。接下来，我们来一一解读。

康德指出，形而上学本身似乎总是充满矛盾。人们认为世界始于某个时间存在，其空间是有限的，任何复杂物质都是由简单物质构成的，自由意志是存在的，上帝也是存在的。关于这些观点，有人支持，也有人反对，双方都据理力争，却很难有进展。人们忍不住会对这类问题感到奇怪，但是当我们诉之于理性来解决它们时，却只会陷入矛盾。更糟糕的是，陷入怀疑与绝望。康德写道：“人类理性的命运特殊，因为某一类知识往往会引发一连串问题。而理性的本性导致它无法忽略这些问题，却又无法予以解答，因为这超出了它的能力范围。”

这一观点非常令人费解，因为人类的理性是维持正常生活的必需。康德提出了对理性的批判与自我审视，来确定其界限与合理运用，希望解决形而上学没完没了的矛盾，同时证实理性在适当范围内值得信赖。康德呼吁理性应该重新承担起最艰巨的任务，也就是自我认识，采取法律手段保证其合法主张，同时按照其自身的永恒规律消除所有空穴来风的借口，而不是依靠专制手段。这一法律手段正是纯粹理性批判。

经验的性质

或许纯粹理性批判的最著名成就便是康德就主体相对于经验世界性质的作用的看法。在他之前，人脑被看作是对过往岁月的消极记录。有关这一认识的比喻大家耳熟能详：人脑是反映自然的一面镜子，就好比一张白板，经验可以在上面写和画。它还好比一块蜡，在等待大自然刻上印章。假如人脑能够依据世界的本来面目行事，那么其主体肯定对世界有所了解。康德则将这一认识颠倒了过来。他在所谓的“哥白尼学说革命”中指出，人脑具有能动性，会影响经验世界。他认为外界事物必须符合人脑的想法，而不

自由意志问题在康德哲学中仍然有待解决。

是人脑所掌握的知识服从于外界事物。

洛克认为，事物的一些性质依赖于人脑（比如颜色、味道并不存在于物体本身），而是依赖于主体与对象之间的关系。康德不仅改进了洛克的观点，他甚至认为，人脑会对在时间和空间下的感觉经验进行分类、组织，并进一步将其与原因和物质等范畴进行对应。人脑会影响整个经验世界的性质。

康德发起的变革是如何解决形而上学问题的呢？既然认知对象必须服从于人脑才能被人认识，那么人们对对象的认识仅停留于其外观。外观这一说法预设了外观之外现实的存在。康德对外观（现象）与独立于经验之外的自在之物（本体）进行了区分。人们可以认识事物的外观，却不可能完全认识自在之物。这就是形而上学引发矛盾的原因。形而上学研究旨在根据我们对世界的体验的合理范畴来认识自在之物。

由于因果律是人脑分类行为的结果，因此，理性在分析事件时理应寻找其原因——缺少了因果律，时空下的物质世界就不堪设想。然而，如果人们试图将这一理念运用于整个宇宙，想知道宇宙自身是否也存在起因，就会超越理性的适当领域，从而不可避免地引发冲突。

上述思路说明了为什么所有的思辨形而上学理论都不可信。不过，它使得人类对经验世界的认识成为可能，也表明理性在人类认识现象世界过程中的重要作用。虽然康德的观点冲击了形而上学观点，却没能发现真相。请重新考虑因果律。如果在缺乏因果律的前提下无法认识经验世界，那么经验世界里的所有事件都应该存在原因，因此就不会出现人类自由。这就使得人类作为自在之物是否真的享有自由变得悬而未决。既然自由意志问题无法确定，就给道德留出了一定空间。

为所应为

康德的伦理观扎根于理性。这一观点与其他宣称道德必须建立在情感甚至行为后果基础上的说法相背离。康德认为，为所应为不取决于个人性情或境遇——这些方面或许超出了一个人的控制范围。相反，它属于责任问题，是出于对道德律令的尊重。康德指出，道德律令本质上不可能是假想出来的，也不可能具备以下形式："如果你希望这样或那样，就这样或那样去做。"需求与后果不能列入正确的道德准则。相反，法律本身必须是绝对的、无条件的，并遵循以下形式："必须这样做"或者"不准那样做"。康德就所谓的"绝对命令"给出了如下陈述："行为准则应该同时也是普遍法则。"

康德给出的例子或许能够更清楚地说明这一点。假设房租到期了，而你却资金极度紧缺，那么由此推断你接下来很可能会麻烦不断。于是，你去找朋友借钱，他同意借给你，前提是你下周就得还钱。你明知自己做不到，却打算虚假承诺，因为你知道自己不可能按时还钱。

康德指出任何行为都具备一定准则。你可能会这么想："如果我觉得缺钱花了，就去借钱，并答应按时还钱，尽管我知道自己还不上钱。"康德对这类准则的测验具有普遍性：假设你内心的准则会成为所有人都采取的普遍法则，那么，由此产生的体系是前后一致的，还是自相矛盾的？如果是一致的，你并没有做错；如果不一致，你就违背了道德律令。如果所有人都给出虚假承诺，那么承诺本身就会变得不真实——还有谁会再相信承诺呢？你内心的准则引起了自相矛盾，因此它不符合绝对命令，所以不要这样做。

道德这块蛋糕可以采取多种切割方式，但是最大的一块留给了康德主义者，而基于责任的伦理学者与结果论者之间的争论也不见消停。如果不了解康德的思想梗概，就不可能理解当代伦理学；如果不了解康德本人，当然更不可能明白康德之后的德国哲学了。他认为人脑在一定程度上积极参与着经验世界的活动，这一观点在当时那个年代显得有些激进，如今则是许多领域显而易见的基础。虽然康德本人并没有去过很多地方，但是如今他的思想显然已经渗透到了哲学的方方面面。

主要著作

《纯粹理性批判》（1781）

这是康德的杰作，也是有史以来非常独特、非常具有影响力的哲学著作之一。这本书提出的最惊人的观点是，人脑在认识事物的过程中发挥着能动作用。

《实践理性批判》（1788）

这本书包含了康德对道德律令的介绍，以及对上帝、人类自由、长生不老与道德等观念相互关系的深入探讨。

《判断力批判》（1790）

这本书包含了康德对美学的认识，特别强调了我们如何判断美好和高尚的事物的性质。

第六章　潘恩与《常识》

——没当上“国父”的美国革命之父。

托马斯·潘恩（1737—1809）的政论文和小册子推动了美国革命，然而，后期作品却导致他在美国失去了一些朋友。

1737年1月29日，托马斯·潘恩出生在英格兰塞特福德。37年来，他一直过着平庸的生活，尝试了各行各业的工作，都以失败告终，包括教师、烟草销售员和税务官员。他的婚姻更像是一场灾难，一些传记作家称，1774年，潘恩和妻子正式离婚，但是即便在这之前，他也从来没和妻子同居过。17岁时，他曾试图逃到海上去生活，结果却在上船前被父亲逮住了，并被父亲带回了家。

潘恩一开始不成功并不足为奇。和许多伟大的哲学家不一样，他并非出身权贵。父亲约瑟夫·潘恩是贵格会教徒，职业是胸衣裁缝。这个行业并不赚钱。潘恩后来回忆称，父母费了很大劲才把他送去当地的语法学校上学：“我父母除了勉强支付我的学费之外，一个子儿都给不了我，单单凑学费就够他们头疼了。”

然而，虽然潘恩早年并不走运，但是家庭教养对他的性格产生了不可磨灭的影响，也成为他得以成名的政论文的素材。父亲的贵格会教义让他深刻地认识到，所有人生来都是平等的，要想实现变革就需要具备道义和勇气。

潘恩（1737—1809）

他的好运来得特别突然。1774 年 10 月，经本杰明·富兰克林推荐，他乘船前往美国。富兰克林是在潘恩希望引起议会对税款减免措施的关注时遇到的。当时，他带着富兰克林写的推荐信，在美国找到了一份工作，一开始是《宾州杂志》的文稿作者，后来又当上了编辑。他正是在那里完成了第一篇著名文章，呼吁废除奴隶制，并在上面签上了“正义与人道”。

《常识》

潘恩随后写了一篇短文，并因此成名。1776 年初，《常识》一发表就产生了立竿见影的影响。潘恩在文中指出，美国应该争取从英国独立出来。这既是道德义务，又是现实需要。他还抨击了世袭君主制，指出部分原因在于这种做法违反了深深根植于人类自然条件的平等原则：

詹姆斯·吉尔雷创作的讽刺卡通画，名为《托马斯·潘恩的夜虫》。他一想到自己回英国就会产生这种不悦幻觉。

> 所有人生来平等，没有谁天生就有权建立永远都优越于其他所有人的家族。虽然或许他本人值得同时代人给予一定的尊重，但是他的后代很可能不够资格赢得他人的尊重。君主世袭权力的愚蠢最有力的证据便是，大自然反对这样做。否则，她也不会经常表里不一地对待人类，使其成为笑料。

潘恩认为，美国继续受英国国王统治将不堪设想。他指出，这会导致北美在英国的压制下总是处于非常低的地位。他还说，美国独立才是避免内战的最好选择，应该基于公民平等的原则建立共和政府。

毫无疑问，《常识》出版后产生了深远的影响。它让美国独立战争中的许多重要人物认识到了美国独立的好处，同时也颇受一般民众的欢迎，出版后三个月内就卖出了12万册。特伦顿战役发生前不久，乔治·华盛顿曾召集萎靡不振的士兵，对着他们大声朗读潘恩的作品，为的就是鼓舞士气：

> 这正是考验人类灵魂的时候，在这危急存亡之际，那些喜欢枝草茂盛的士兵和习惯于风和日丽的爱国者将不再为祖国服务。但是，坚持到最后的士兵则值得所有人喜爱与感谢。暴政犹如地狱一般，不容易被打败。不过，值得欣慰的是，斗争越艰巨，胜利就会越光荣：轻而易举得到的东西往往得不到重视，唯有珍贵才让一切变得有价值。

《人权论》

战争结束后，潘恩担任过几个政府职务，不过时间都不长。后来，他又回到英格兰，并完成了他最重要的著作《人权论》。这本小册子主要在为法国革命的原则辩护，驳斥埃德蒙·伯克在《法国革命论》中对其的批判。潘恩对《常识》中首次提出的观点进行了深化，指出人人生来平等，享有自然权利。不过，他们并不是孤立存在的，而是生活在社会上，并享受着合作与社交的好处。不幸的是，在这种情况下，人的权利难免会时不时地遭到侵犯，因为人并不完美。因此，为了确保所有自然权利，人们会将各自无法保证的权利交由政府保护。比如，受到伤害后申请赔偿的权利。

潘恩认为，这就意味着只有所有人参与组建的政府才是合法的。也就是说，政府必须属于人民、为了人民。这就直接排除了世袭君主制，因为这种形式的政府主要由历代的人来决定后代的统治者。事实上，潘恩认为，唯一合法的政府便是民主共和制政府——这样的政府代表了人民各自无法保证权力的集合，他们为了保全所有权力便将上述权力移交给政府管理。

或许潘恩最激进的做法是，在《人权论》一书中详细概述了福利制度，目的是解决贫困引发的社会剥夺问题。他指出，绞刑架似乎是专为穷人而设的，这正说明政府存在问题：

> 为什么除了穷人，其他人很少被处以绞刑呢？这一事实连同其他事实道出了穷人的悲惨生活。他们在成长过程中缺乏道德约束，来到这个世界上没有任何前途，因此成为恶习与残暴法律赤裸裸的牺牲品。政府大量浪费的数百万英镑的资金足以改革那些丑恶现象，让所有国民受益，包括那些遭到法律残害的穷人。

所有这些言论都让英国政府无法忍受。1792 年 5 月，英国政府针对煽动性作品发布了一条王室公告，潘恩也因此被控告犯有叛国罪，于是被迫逃亡到法国，之后再也没有回来。一开始，他在法国很受欢迎，甚至还在法国国民公会获得一席之地。然而，很快情形就开始对潘恩不利。雅各宾派领袖罗伯斯庇尔公开抨击他与稳健的共和组织吉伦特派有来往。潘恩写完《理性时代》一书不久后就被捕了。他在书中呼吁反对无神论与基督教教条，提倡自然神论。

潘恩在雅各宾派统治时期差点儿丧命。后来，美国政治家詹姆斯·门罗介入此事后，潘恩终于被释放了。出狱后，他继续创作。1797年，《农民的正义》一书出版了，他在其中再次谈及社会正义与基本权利问题。他指出，文明国度应当让所有人都过上比文明时代到来之前更好的日子。不过，他指出，事实上，欧洲所有国家的穷人要比北美印第安人的境遇更糟糕。他认为这是因为欧洲所有国家一半以上的居民地产权都遭到了剥夺。

早在一百多年前，卡尔·马克思就指出，解决这一问题不能靠集体所有制，而是需要建立土地与财产税制度，其收益应该纳入国家基金，然后再重新分配给国民。潘恩强调说，这样做并不是在施舍，而是为了保障国民享有正当的权利。身为地球居民，所有人对自然国家的土地都拥有平等的权利。显然，马克思提出的国家基金有助于补偿那些不能正当享有该项权利的人。

理性与迷信

1802年，潘恩回到了美国——他最先成名的地方。然而，相比20年前他离开美国时的情形，这次回美国，他并不像之前那么受欢迎。他在《理性时代》中提出的论点，尤其是对《圣经》中复仇心重、怀有恶意之神——上帝的抨击，让新世界的很多人疏远了他。因此，尽管他坚持创作直到去世，其余生却身体欠佳、鲜为人知。

同样地，历史对潘恩的评价也不尽如人意。虽然他的作品在当时影响深远，而且英国激进分子也一直尊他为英雄，但是人们通常认为他并不属于最伟大的哲学家。这是因为他的作品缺乏像约翰·洛克和卡尔·马克思等人那样的成熟、有学识。然而，如果因为这一点批判潘恩，就会误解他的创作初衷。他的作品面对的是普通大众。他擅长许多哲学家不擅长的散文风格创作，能够打动读者，帮助他们从新的角度认识到自身的传统观念与价值观。即便到了今天，读者仍然会被潘恩作品中文字的力量与正直所打动。

主要著作

《常识》（1776）

这篇散文让托马斯·潘恩一举成名。它于美国独立战争中期问世，呼吁美国从英国独立，道德与实际理由充足。

《人权论》（1792）

本书在为法国革命的原则辩护，驳斥埃德蒙·伯克在《法国革命论》中对其的批判。其核心思想是，民主共和制政府是唯一合法的政府——它属于人民、为了人民。

《理性时代》（1794）

这本书概括了文明的自然神论，不过它最显著的成就在于抨击《圣经》中提出的复仇之神——上帝。这就导致潘恩失去了新世界的许多拥护者。

《农民的正义》（1797）

这本书提倡土地与财产税制度，认为其收益应纳入国家基金，然后再重新分配给国民。潘恩强调这样做并不是在施舍，而是保障国民享有正当权利。

第七章　边沁与功利主义

——凡是能将效用最大化的事，就是正确的、公正的。

杰瑞米·边沁（1748—1832）既是社会改革家，又是哲学家，同时以许多发明著称。他对哲学的重大贡献在于提出了功利主义理论。

假如你身在伦敦，感觉有些不自在、无所事事，那你不如溜达着去伦敦大学学院的回廊逛逛。在那里，你会发现镶着玻璃的木质橱柜里装着像是杰瑞米·边沁的遗体。只见他身穿合身的制服，坐在往常那把椅子上，神情放松，在沉思，最喜爱的手杖在旁边立着。假如你看到它感到毛骨悚然，却得知里面的人脑只是蜡像，而裹在衣服里的骨架却是真的时，很可能会觉得难过。“按照新西兰人的风俗”，实际的脑袋的头骨被保存在大学保险箱里，原因有两个：首先，保存并不十分成功，如果陈列出来可能太恐怖；其次，它曾经被弄丢好多次。国王学院虔诚的学生，也是伦敦大学学院人道主义者的天敌，曾经至少两次偷走它——有一次竟然在阿伯丁火车站的行李间里找到了它。

边沁（1748—1832）

所谓的“自我偶像”完全是边沁的观点。他在最后一部著作《自我偶像》或者《死者继续为活人所用》中概述了这样做的原因。这本书大部分内容带有玩笑意味——边沁建议将名人的遗体作为草坪装饰物。不过，自我偶像也有实际含义：有助于鼓舞追随者心生积极的感受与信仰。边沁虽然出生在律师世家，在1767年取得了律师资格，但是他一生中并没有从事律师职业，而是忙于探索。

注重实际

边沁一生尝试过各种项目，包括：盖活动鸡舍；修建中美洲运河；设计新监狱，即声名狼藉的圆形监狱，他希望该监狱能够把坏人改造老实；集中供暖系统；制冷装置以及防伪银行钞票等。他还在自己的伦敦住所安装了“通话管”，睡在自己设计的睡袋里，还杜撰了大量新词：“最大化（maximize）”“最小化（minimize）”“基本原理（rationale）”“士气低落（demoralize）”“动态的（dynamic）”“单边的（unilateral）”“可拆卸的（detachable）”“详尽的（exhaustive）”“交互讯问（cross-examination）”“国际的（international）”，以及“编纂（codification）”等。并不是他杜撰的所有新词都得到了广泛使用。其他新词都还在使用中，除了 catastaticochrestic physiurgics（乳突硬结生理学）一词，这实在是有点儿可惜。

约翰·斯图尔特·穆勒曾说过，边沁“非常注重实际”，这显然是对的。边沁一生中着手做过的项目都是为了解决发现的实际问题，包括给遗体找用途。不过，最锻炼他能力的是法律问题。他提出的解决方案促进了政治运动的开展，其中边沁主义者（也称为“功利主义者”或“哲学激进分子”）鼓吹要按照边沁的想法推动社会与法制改革。边沁和他的追随者曾提出改革动物、财产、税收、同性恋、贫穷、选举等多方面的法律。事实上，这些提议大多都被确立为了法律，并被收录在 1832 年制定的《修正法案》中。显然，很多人都因此受益。

边沁年轻时就发现社会与法律实践基础存在着很多矛盾。他在威斯敏斯特学校上学期间，曾被要求在《英国教会宗教教纲》上签字。但是，当时他发现教纲上面有大量虚假之词，包括与教会实际教义之间的矛盾。在牛津大学上学期间，他的老师是法学家威廉·布莱克斯通。然而，他发现自己无法接受老师的课，因为课上老师讲的很多观点不合理，因此他备感担忧。在边沁看来，问题的难点在于法律核心内容不合理。法律与相应的惩罚似乎不符合理性原则，而是充满谎言、虚假，主要是与触犯立法者利益的方面有关。

边沁认为，法律判决不应该以立法者的随意直觉为依据，而是应该基于心理学事实：人们应该主导自身利益，这些利益包括获得快乐、避免痛苦。个人幸福在于为最广大人民争取最多快乐、减少痛苦。边沁的这些思想正是根植于人性的价值体系与道德善的起源。因此，边沁发现了符合道德与法律观的原则，即功利主义原则，或称为“最大幸福原则”，表述如下：

> 功利原则是指根据某一行为是否会增加或减少利益相关者的幸福来决定赞成或反对该行为的原则……我说的是不管任何行为。因此，它包括个人的所有行为，也包括政府采取的所有措施。

上述观点在当时显然属于后果论者。判断行为对错的标准就是看它产生的影响，尤其是心理影响。

该提议面临的最直接困难是：它的前提显然很荒谬，认为快乐是可以量化的。幸运的是，快乐非常多。显然，一些快乐要胜过另外一些，但是具体胜出多少，能说清楚吗？如果我采纳了边沁提出的原则，必须选择快乐多、痛苦少的行为，但是要想做到这一点，我必须能够明确比较各种快乐、各种痛苦，同时也要能比较快乐和痛苦。

我今晚刚好有空——该干点儿什么呢？我是应该满足欲望去吃寿司、看电影、帮助无家可归的人、看看沃尔特·惠特曼的书、打个盹儿呢，还是应该去酒吧喝两杯？去酒吧喝酒要比吃寿司让我更开心吗？喝酒不如打盹儿或看书那么有意思吗？假如我去帮助无家可归的人，那么他们的快乐会不会感染到我，让我也快乐起来，而不像打盹儿那么无趣呢？帮助他们带来的快乐会不会因为我后悔自己做得不够而被抵消掉呢？我根本不可能按照边沁的要求，把这一堆可能的快乐和痛苦排序或量化。

快乐算法

边沁提出的快乐主义算法正是人们对讲究实际人士的期望：他不但指出快乐可以量化，而且还制定了量化体系。他列举了可能涵盖到这一算法中的好几个因素：快乐的强度、持续时间、确定性、邻近性、多产性、纯度以及程度。此外，他还谈及了各种快乐的优缺点（伴随快乐产生的感受、占有感、技能、友谊、名声、权力以及怨恨），以及各种痛苦的缺点（欲望、失望、后悔等引发的痛苦）。边沁承认快乐和痛苦在某种意义上是相对于感知者本人而言的，这种相对性取决于个人的教育、宗教以及社会地位——所有这些方面都应该纳入考虑范围。因此，在选择某种行为时，必须“一方面把所有快乐的值都相加，另一方面还要把所有痛苦的值相加。如果快乐的总值大于痛苦的总值，那么总体上可以采取某种行为”。

那么，立法者在制定法律时就需要考虑到方方面面，执法过程也有些复杂。假设某个社区发生了一连串犯罪事件。犯罪本身当然会给受害人带来痛苦，但是社区其他人担心自己也会成为受害人，因此会产生不安全感，会担心不已，所以他们忍受的痛苦更多。或许他们会蒙受巨大痛苦，担心政府对街区失去控制，或许还会产生恐惧心理。可以想象他们内心的恐惧会引发多大痛苦。

出色的功利主义执法人员很可能会这么考虑问题。城外有人因为违反了交通规则被抓了起来，但是他和社区发生的这些滔天大罪没什么关联。如果我们让他当替罪羊会不会减轻社区人们的担心，大幅度增加快乐、减少痛苦呢？我们会给他捏造一些证据，指控他犯了那些罪，公开惩罚他，甚至还可能会对他行刑（如果愿意的话，可以执行无痛注射死刑）。或许这样做会震慑到真正的罪犯。这样当然有助于减轻人们内心的焦虑，不是正好符合最大幸福原则的要求吗？至少在这个案例中（一个案例就够了），我们会出于道义需求杀死无辜的人，不是吗？

正义问题

这或许就是边沁所谓的“正义问题”。似乎在上述案例中，有些事情是依据功利主义观念推断得出的，却与我们的直觉对错观相矛盾。这个反倒可以引出两个方面的评论：一方面可以认为不能从功利主义的角度考虑道德；另一方面，有关正义的直觉认识是错误的。

这个问题或许可以一般化：有时候，做好快乐与痛苦平衡的唯一办法就是一人或多人因为他人而遭罪。显然，这句话的意思并不是说穷人就应该为了富人的利益而遭罪，情况恰恰相反。这样做是认清了为了他人放弃自身欲望与道德本质二者之间的关系。功利主义抓住了很多人对名副其实道德体系的认识（即其客观性质）。道德有时要求放弃个人利益，以满足他人利益——这一点很重要。或许边沁的观点明确涵盖了这一点，而我们之所以反对他的观点，正是说明了道德行为的不易，而不是功利主义出了问题。

如果你去伦敦大学学院“朝圣”，仔细观察边沁的遗体时，请暂时稍微往后站一点，看看那些从此经过去图书馆的无精打采的学生。如果你观察得够仔细、时间够长，就会注意到也有少数过路人凝视边沁，或许还会不自觉地对着他点头示意，尽管很难察觉。这些都是伦敦大学学院的哲学系学生，他们比较清楚边沁给后人做出的贡献。

主要著作

《政府片论》（1776）

这本书抨击了与理性原则的法律基础背道而驰的传统法律观点。书中还包含其他内容，尤其是针对某些不可靠政治义务观念的反对论据。

《道德和立法原则导论》（1789）

这本书概括介绍了边沁提出的法律与道德理性变革的基础，还详细解释了最大幸福原则。

第八章　黑格尔与辩证法

——存在即合理。

格奥尔格·黑格尔（1770—1831）在哲学思想史上处于尴尬境地：他极具影响力，但是外行又很难理解他的思想。

黑格尔的两部重要著作《精神现象学》和《逻辑学》当中涵盖了有史以来最难懂的一部分哲学文章。的确，他的散文相当费解，导致很多人怀疑他在冒充内行。而且，他总是有意采用不清楚的言辞，希望以此制造原本不存在的深奥感。

然而，这样评价黑格尔太过严厉，黑格尔在作品中系统地阐述了哲学思想（他无疑是哲学界最后一位伟大的系统思想创始人），至少他的作品中有一部分难度与他给自己设定的任务量有关。他希望能够研发出必要的概念工具，从而更好地认识全部现实，也就是他所谓的“绝对精神”。即便如此，认真阅读他的作品会有所收获。当然，缺乏哲学背景的读者也能够从《哲学史讲演录》和《法哲学

黑格尔（1770—1831）

原理》等著作中获取一定认识。

黑格尔于1770年8月27日出生在德国斯图加特。父亲是符腾堡公国官员。黑格尔小时候生活安逸，接受过中产阶级教育。他在当地的语法学校上过学，虽然不像帕斯卡或者皮尔斯那样颇具天赋，但是也属于优等生。早在那个时候，他做事就非常有条理。比如，上学期间，他能够坚持写日记，并在其中认真记录阅读的进展。16岁时，他开始按照字母顺序收藏详细的读书笔记。

由于父亲希望他当一名牧师，1788年，黑格尔开始在图宾根新教神学院学习。虽然他在那里完成了学业，但是老师称他哲学成绩优异，但是似乎对神学并不感兴趣。不足为奇的是，后来他决定不去当牧师了，而是选择从事学术工作。1801年，在朋友谢林的帮助下，他得以就职于耶拿大学，从而实现了愿望。

正是在耶拿大学工作期间，黑格尔完成了《精神现象学》的创作，这或许堪称他最著名的作品。粗略地说，他在书中阐述了意识是怎样辩证发展的，一直到与现实达成一致，成为纯粹的思想与精神。不幸的是，这一观点就像听起来一样复杂。或许要想理解它，最有效的办法便是去思考辩证发展观念。

辩证法

要想充分理解黑格尔的辩证法，需要从正题、反题以及合题等概念入手。简言之，这种辩证法指的是某一现象（正题）包含着相互矛盾的方方面面（反题），需要通过运动才能得到解决（合题），人们对现实的认识过程是按照辩证迭代过程发展的。黑格尔对人类自我意识向自我肯定发展过程的认识就可以说明这一点。

自我肯定的概念非常复杂，不过，“归属感”可以清楚地解释这一概念。黑格尔认为自我意识希望全面认识客观现实，而值得强调的是，自我意识与它所包含的现实是一样的。实现自我肯定之所以重要，是因为它有助于巩固自我意识与意识之外事物之间的初始关系。

黑格尔认为，当意识辨认出其在事物中的自我倒影时，就产生了自我意识。因此，“他物的意识，即普通物体的意识，事实上就是自我意识、自我映像，个人之外的意识”。然而，虽然自我意识需要外界事物来界定，但是它本身也受到该事物的威胁。外界事物对于自我而言是陌生的，属于他物，它的存在使得自我意识无法实现自我肯定。因此，在欲望状态下，自我意识会通过同化外界事物的异物性来否定它。用黑格尔的话来说，“自我意识在此等同于消除对立物、建立同一性的过程”。

然而，在外界事物的异物性被否定的同时又出现了新的难题：如果外界事物必须被破坏，那么取决于他物的自我意识也就因此失去了存在的基础。

因此，自我意识需要可以否定的事物，其异物性可以被消除，

Georg Wilhelm Friedrich Hegel's
Vorlesungen
über die
Philosophie der Geschichte.
Herausgegeben
von
D. Eduard Gans.
Berlin, 1837.
Verlag von Duncker und Humblot.

Georg Wilhelm Friedrich Hegel's
Werke.
Vollständige Ausgabe
durch
einen Verein von Freunden des Verewigten:
D. Ph. Marheineke, D. J. Schulze, D. Ed. Gans,
D. Lp. v. Henning, D. H. Hotho, D. K. Michelet,
D. F. Förster.
Neunter Band.
Berlin, 1837.
Verlag von Duncker und Humblot.

黑格尔《历史哲学》扉页。虽然这本书篇幅多达 480 页，但是它却是黑格尔最容易理解的一部著作。

但事物本身并不会遭到破坏。黑格尔认为，只有另一种自我意识才能满足这一要求，因为只有它才能影响自我否定，同时保持外界事物的身份。他明确指出，自我意识必须努力识别其他自我意识的存在。只有这样，它才能够如愿实现自我肯定。

奴隶主与奴隶

如果认为“自我意识存在于自身，也是为了自身和另一个自我意识”，就会遇到黑格尔著名的奴隶主与奴隶的辩证关系问题。虽然自我意识之间的相互识别最终会实现其努力寻求的自我肯定，但是实现自我肯定并不容易。一开始，各种自我意识之间并不敢确定对方是否真实——它们都被剥夺了自身确定性的来源。因此，每个自我意识都会努力识别对方，而不求得到对方的识别。

黑格尔认为，由此引发的斗争（即单方面识别）必定会产生某些自我意识的消亡。因为，这些自我意识在面临消亡的同时，能够向彼此展示各自具有的特性，以此来保持自我身份。然而，在这种背景下，显然任何参与方的消亡都无关紧要，因为它们被完全剥夺了被识别的机会。因此，由于单方面识别必定会导致参与方面临消亡，其解决办法只能是其中一方被奴役，而另一方成为统治者："其中一方保持独立，其本质是为自身；另一方则属于从属地位，其本质是为对方存在。前者是奴隶主，或者主人，后者则是奴隶。"（《精神现象学》）

然而，黑格尔认为个人之间的对立早晚都会被消除。奴隶主与奴隶之间的辩证关系，以及由此引发的冲突，只不过是自我意识通往自我肯定的必经阶段。有意思的是，实现自我肯定的是奴隶，而不是奴隶主。奴隶经过工作改造后，就会逐渐掌握必要的智力工具，并实现更深层次的自我认识。

《历史哲学》

黑格尔在这本书中采用了类似的辩证法，来分析人类历史的演变。他认为，人类历史的特点是不断地追求更高程度的自由、理性与理解。他在《历史哲学》的引言中指出："世界史正是一部自由意识的发展史。"

这本书是黑格尔过世后的讲义整理稿。他在书中借助各种社会实例追溯了自由的进展。在古老的东方政权中，比如古代中国，只有君主享有自由，这些社会的平民甚至都不知道自己具备自主判断的能力。虽然黑格尔认为古希腊城邦国家的公民享有一定程度的自由，但是他指出，宗教改革才使得个人自由得到了恰当表述。从那时起，历史上就出现了一系列社会变革，为的就是理解新的自由理念。因此，虽然启蒙运动引发了雅各宾恐怖统治，并证明不可能与过往经历彻底决裂，但是它也是一种尝试，希望依据抽象普世主义来构建现代社会。

黑格尔认为，一旦产生了自由意识，最终就会胜利。他重复了卢梭的观点：支持政治的任务在于建立社区，人们在当中能够基于理性能力自由生活。

黑格尔的这些思想在过去200年间产生了深远的社会与政治影响。最著名的是，马克思在提出历史唯物主义观点时采用了黑格尔的辩证法。确实，和布鲁诺·鲍威尔以及路德维希·费尔巴哈等人一样，马克思在早期生活中，也自认为是黑格尔派哲学家。萨特提出的存在主义也深深受益于黑格尔，尤其是他对“为他存在”的分析，其基础正是黑格尔《精神现象学》一书中奴隶主与奴隶章节的相关见解。

然而，黑格尔所代表的哲学思想，即推崇形而上学的传统，已经进入没落的时代，尤其是20世纪逻辑实证主义的出现破坏了黑格尔哲学的吸引力。逻辑实证主义认为，命题只有在定义真实或经过验证的情况下才有意义。阿尔弗雷德·朱尔斯·艾耶尔在《语言、真理与逻辑》一书中指出，弗朗西斯·布拉德雷受黑格尔派哲学思想启发而提出的唯心主义观点缺乏有意义的基础理论。的确，在研究分析哲学的很多人看来，必须摒弃黑格尔的哲学思想才能做好工作。因此，无论后人怎样评价黑格尔哲学体系的优点，都可以肯定的是，在相当长一段时期内，再也不会出现像黑格尔一样的伟人了。

主要著作

《精神现象学》（1807）

这是黑格尔最著名的著作。这本书采用了他最具特色的辩证法，探究了存在（绝对精神）的历史演变过程。内容晦涩难懂，但是影响深远，引领了19世纪的哲学传统。

《逻辑学》（1812—1816）

这本书系统而详尽地奠定了黑格尔形而上学逻辑学的基础。他运用了辩证法来诠释思想的抽象类别，最后得出结论，认为现实是由绝对事物组成的。

《法哲学原理》（1821）

这本书是黑格尔社会与政治哲学最成熟的表述。黑格尔在书中指出，最合理的国度类似当时的普鲁士王国，并因此被指控叛国。它促使青年黑格尔学派形成了自己版本的黑格尔哲学，并自认为与真正的黑格尔精神非常接近。

《哲学史讲演录》（1833—1836）

这本书是由黑格尔生前的演讲稿整理成的，它通俗易懂地诠释了他的思想，追踪了不同时代以及不同背景下自由的发展状况。

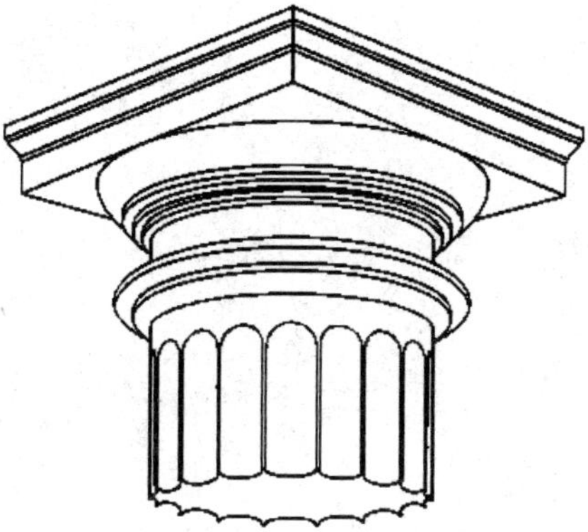

PART 5

转 向

现代哲学时代开启

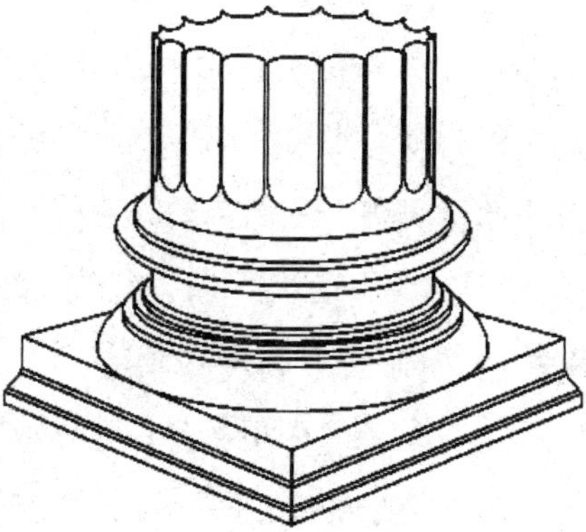

第一章　叔本华与悲观主义哲学

——叔本华的作品不适合在海边阅读。

虽然亚瑟·叔本华（1788—1860）不属于经院哲学家，但是他无疑是19世纪重要的哲学家之一。他以受东方文化影响的思想与悲观主义哲学著称。

叔本华的哲学思想以惊人的悲观主义著称。他的著作当然不适合在海边阅读。他的悲观主义究竟是哲学发现的结果，还是他的哲学思想受到悲观主义的影响，不得而知，或许二者都源自他郁郁寡欢的性情。他的母亲约翰娜称，儿子年幼时期就“经常思考人世间的不幸”。不过，他的冥思苦想造就了19世纪的一部哲学经典：《作为意志和表象的世界》。稍后会介绍这本书。

叔本华出生在但泽，父亲海因里希是位非常成功的商人。1793年，普鲁士占领但泽后，父亲的政治立场导致全家人被迫付出很大的代价，搬到了汉堡市。父母鼓励他学习各种语言（他熟练掌握了六种语言），曾资助他去巴黎和英格兰读书。虽然叔本华更喜欢学术生活，但是为了让父亲高兴，他一开始先在汉堡市当店员。父亲自杀后，叔本华再也不愿意继续从商了，对合理收入也没什么兴趣，于是便转向了学术生活。他一开始在哥廷根大学攻读医学，后来又转而学哲学。在导师的建议下，他重点学习了柏拉图与康德的哲学思想。这两位哲学家，外加印度教和佛教的些许感化，对叔本华的思想产生了持久影响。他在耶拿大学递交了博士毕业论文，获得了博士学位，然后回到了母亲的家乡魏玛。

叔本华（1788—1860）

母亲对文化颇感兴趣，尤其是文学。她出版了几本小说，还组织过文学沙龙。她很可能和魏玛知识界的几位代表人物有过恋情。这一点很可能让叔本华感到不安。叔本华公开抨击文学沙龙，认为它毫无用处。这无疑也让他的母亲感到不安。他的言辞还导致沙龙的很多客人找借口提前离席。他和母亲经常吵架，而且非常激烈，原因各种各样、无所不有。由于约翰娜要求儿子离开家，1814 年，叔本华离开了魏玛，去了德累斯顿。虽然又过了 24 年他母亲才离开人世，但是两人从那之后再也不理睬彼此了。

无论叔本华是否愿意承认，这件事都扭曲了他的思想，很可能对他的个人生活产生了巨大影响。人们能听到原本思维清晰的叔本华说，女人“……个头小、肩膀窄、臀部大、双腿短……她们一无所知，没有任何天赋”。

不言而喻，尽管叔本华有过几次浪漫机遇，但是终生未婚。他属于典型的单身汉哲学家，独自在柏林生活、学习，后来又去了法兰克福，宠物狮子狗是他唯一的陪伴者。1860 年，他坐在餐桌前吃早餐时与世长辞。

作为意志的世界

《作为意志和表象的世界》一书于 1818 年出版，结果并没有引起读者的兴趣。于是，叔本华就去柏林演讲，希望能争取公众的支持，还刻意把演讲时间安排得和黑格尔的演讲时间相冲突，结果却输得很惨。他认为黑格尔只不过是个“碌碌无为、愚蠢、可恶、令人反感而且无知的江湖骗子”。结果，他的演讲厅里空无一人。那之后，他再也没有尝试过。不过，他坚信自己的作品具有内在价值——认为它能够切实地解决所有哲学问题。这部著作的第二版内容得到了扩充。一直到叔本华晚年的时候，这本书和其他作品才得以为他赢得名望，让他如愿以偿。

叔本华指出，这本书围绕一个观点展开，不过他承认自己迫不得已才用这么大篇幅来解释它。我们可以暂且不顾鲁莽与否，试着用一句话来概括他的思想：世界的本质就是意志。要想更清楚地诠释这一观点，就需要简要了解一下康德，因为他给予了叔本华很大帮助。

康德说，人们感知到的世界是由心智构成的，对外界事物的认知依赖于时空，并由感觉来组织。多亏有了认识，人们在感知外界事物时不仅可以从时空角度考虑，而且还可以从彼此之间的因果律考虑。叔本华在上述这些方面的认识都源自康德——不过，他巧妙地将康德提出的复杂范畴结构简化为了一条原则。关键是，他沿用了康德对人们所感知到的现象世界（表征世界）与自在之物的实体世界，即区别于经验的现实（也就是叔本华所谓的“意志世界”）二者之间的区别。不过，康德认为人类永远都不可能完全认识实体世界。这一点叔本华并不认同，他认为事实上人对世界的认识正是世界本身。

椅子上放着梨。叔本华说，实物梨的体验会激发意志，而梨的艺术表征则会产生美感。

人们对外界世界的感觉经验并非认识世界的唯一渠道，至少不是他们认识部分世界的唯一渠道。叔本华指出：“人类可以借助内心了解事物的内在本质。”人的感觉经验认为，人类存在于从属于时空的外界中，同时也能够直接体验自身意志——这一体验与构成现象世界的一般心智活动并不相符。我之所以知道自己伸手去拿咖啡杯了，是因为我确确实实看到了，不过我早晚也会知道的，因为我有伸手拿咖啡杯的意愿。看到自己的手，我会认为它是现象世界的物体，但是我对它的其他认识并不取决于任何现象。叔本华认为，重要的是要认识到意志与身体行为并非两种完全不同的事物：身体是具体化的意志，即现象世界显现或表征的意志。

叔本华坚决规避唯我论，否认只存在一个心智，其他一切都只是表象，认为整个世界都反映了意志。人们只要意识到自己的内心是意志，就会明白同样的意志不仅存在于类似于人类与动物内心世界的现象中，而且他们通过不断反思也能够发现植物的内在生长力量，即形成晶体、使磁铁转动的力量……他们会认识到所有这些意志只是在不同现象中有不同表现，但是其内在本质是一样的。

如果有人不满足于认同叔本华反对唯我论的理由，可以按照以下思路进一步考虑问题：如果说意志是肉体的实际内在本质，而肉体完美地存在于其他现象世界中，那么这部分世界的实际内在价值肯定也是意志。叔本华认为，现象世界就是意志表象，实体世界也不过是意志世界。人们内心的意志体验就是叔本华理解康德自在之物——人类经验之外世界的关键。

悲观主义哲学

理论上而言，意志就是生存意志，但是它表现为欲望的持续悸动与努力，不存在特定的目标或对象。它没有方向性，盲目而且缺乏理性，旨在推进一切。更确切地说，它就是一切。正是意志的盲目性与缺乏理性导致了叔本华著名的悲观主义哲学的产生。人类的生活充满了永恒渴望，偶尔会体验到短暂的满足，但是往往备感挫败。当意志实现自我满足后，人们很快就会感到“生活枯燥无味”，于是再次唤醒拼搏意识。人生在世，总会不断强化意志，但是往往只是徒劳。人们会发现人生并不理想，这是所有美好世界中最糟糕的情形。叔本华的事物内在本质认识中很容易会透露出生活无用论：

> 存在……就是当下匆匆成为往昔的持续过程……人们的生活无疑充满了成败，人的肉体生命也在不断地面临考验，一直到死。最后，同样地，人的内心活动也是不断克服倦怠的过程。人的每一次呼吸都是在与不断逼近的死亡做斗争。

看到这里，你很有可能也想把他赶出沙龙。

人类没有全然丧失一切。叔本华指出，意志如果得不到顺从或完全满足，就很可能通过审美静观降低内心的渴望。人们看到一盘水果后的反应与观赏一盘水果的静物写生内心的感受存在明显区别，虽然算不上超然存在。看到一盘水果后，人们内心的意志很有可能会被调动起来，想吃水果。但是，他们观赏水果的静物画时就不会产生这样的想法，而是很容易对柏拉图提出的形式进行反思，类似无利害、无意志的静观。

然而，这种逃避只是短暂的——人们不可能一直盯着画看。要想持久摆脱意志的控制，就需要像圣贤一样放弃生命。虽然比较罕见，但是人们有可能完全认清事物的真正本质。他们可以理解所有生命无用的本质以及其表象，即唯一统一宇宙意志的盲目渴望。禁欲行为、放弃所有满足感以及厌恶生活，是人们否认并削弱，甚至全盘消灭意志的唯一方式。叔本华认为，佛教徒的思想是正确的，或者说基本正确。终极状态根本不是充满纯粹的满足与永恒快乐的天堂，而是虚无的涅槃。在叔本华看来，最接近幸福的做法就是自我消亡。

主要著作

《论充足理由律的四重根》（1813）

这原本是叔本华的博士毕业论文，其中批判了例行思考可以诠释或检验宇宙的假说。

《作为意志和表象的世界》（1819）

这当属叔本华的杰作。他认为经验世界的基本特质在于盲目意志。如果个人能够深入进行自我审视，不仅能发现自身的真正内在本质，而且能发现一切事物的精髓。

第二章　穆勒与古典自由主义

——个人的自由，以不侵犯他人的自由为自由。

约翰·穆勒（1806—1873）的父亲詹姆斯·穆勒公开倡导功利主义，也是功利主义创始人杰瑞米·边沁的好朋友。约翰·穆勒的家人深受功利主义思想的熏陶，尤其精通边沁的教育观念。

穆勒的父亲之所以亲自教育儿子，用他自己的话来说，是为了让穆勒成为“一台计算器”。穆勒或多或少满足了父亲的意愿，而且成果惊人。

穆勒早在3岁时就开始学习希腊文，8岁开始学拉丁文。他在自传中写道，自己十几岁时就读遍了所有重要的希腊语和拉丁语作品，对历史进行了广泛调查，而且精通法学、心理学、经济学、数学与逻辑学。父亲和他一起散步时，经常给他讲这些学科的知识，还要求他替自己写讲义，以备第二天使用。詹姆斯·穆勒的著作《政治经济学要义》就是基于儿子的这些文章。当时，穆勒才14岁。

早在 15 岁时，穆勒就开始读《立法理论》，这本书是边沁功利主义理论的首部出版物。书的内容使穆勒发生了巨大改变：“我感觉自己到达了一定高度，能够看到广阔的精神领域，以及延伸颇远的不可估量的知识财产。”这本书为穆勒提供了立足点丰富的哲学立场，足以支撑哲学领域的各种观点。他还希望把它当作普遍改善人类生活的方式。他一生都在积极准备实现这一心灵启示。“当我读完《立法理论》最后一卷内容后，”他心怀敬畏地说，“发现自己像变了个人似的。”穆勒除了潜心学习法律知识以外，还在青少年时期整理了边沁许多未公开发表的手稿，并基于功利主义角度就时事、政治辩论和法律等方面向好几家杂志投稿。

到了 20 岁，穆勒遭受了最严重的精神失常，或者至少是高度抑郁。他虽然已经出现了“反应迟钝”，却能够批判地反思自身幸福。他自问如果所有目标都能够实现，各种制度与法律的所有既定改善都做到了，自己是否真的会感到开心。当他意识到即便这样自己也不会开心后，便陷入了深深的绝望与痛苦中。穆勒已经充分做好了展开论证与分析的准备，但是他似乎缺乏必要的训练，因此不能很好地应对变幻无常的情绪。他读到“有个小男孩的父亲去世后男孩便成了全家人的希望”这样一个故事后，这才走出了抑郁。读者得知这一点后或许会感到一股凉风吹进了脊梁骨，不禁打个冷战。这个故事让穆勒打起了精神，他开始重新

穆勒（1806—1873）

投入到工作中，而且对诗歌、文化以及艺术产生了新的兴趣，而艺术似乎也是治愈他内心疾病的一个因素。

功利主义

或许穆勒当属 19 世纪最重要的讲英语的思想家。当然，他也产生了广泛影响。除了研究法学、经济学和心理学以外，他的哲学著作还包含语言分析、逻辑、数学以及科学方法。他对心理状态与外界世界之间的关系有很清晰的认识，并系统地阐述了现象论第一表达式，认为实体对象是认知的永久可能。不过，最受关注的要数他的伦理学与政治学著作，其中最著名的是《功利主义》和《论自由》。

穆勒《功利主义》一书的总体目标在于维护并扩展边沁的观点。边沁认为良好的行为能够为更多人创造最大的幸福。和边沁的作品一样，穆勒也从快乐的内在价值这一角度诠释幸福。这本书内容复杂，这里只选取穆勒对边沁功利主义概念的辩护与扩展其中一方面的内容。

假设我们像功利主义者那样按照以下思路来思考问题，认为能够为更多人创造最大幸福的行为是好的。只有结果，即幸福才能证明某些行为是好的。幸福本身也是从快乐的角度来解释的，快乐对功利主义者而言具有特殊价值。那么，怎样能证明快乐具备道德价值呢？也就是说，人们为什么应该去追求快乐呢？穆勒在《功利主义》一书最晦涩难懂的一段话中给出了如下理由：

能够实现为人所向往事情的唯一理由是人们真的向往它。如果功利主义学说提出的目标无论从理论上还是实践上来说都不能算作目标的话，那么谁也不会承认这样的目标。

穆勒似乎认为所有人都向往快乐，因此快乐才值得向往、符合道德需求，才具有价值，并值得我们去追求。穆勒继续指出，唯一可见的事物是已经看到的事物，唯一可听的事物是已经听到的事物。同样地，唯一值得向往的事物便是人们向往的事物。所有人都向往的事物就是快乐。但是，这一类比是否成立尚无定论。可见的事物可以看到，可听的事物可以听到。穆勒希望证明人们向往的事物正是应该向往的，而不是可以向往的。拉塞尔指出，穆勒的论据“非常荒谬，因此很难想象他怎么会认为这样想是合理的”。穆勒提出的毕竟是一种道德体系：所有人都应该这样做，从而能带来更多快乐，而非痛苦。要想证明人们应该向往快乐，不能以人们的确向往快乐为证。我们不能根据事实来推断事物应该的样子。此外，如果事实证明穆勒是对的，那么功利主义的道德力量会怎样呢？如果人们无论如何都会向往快乐，那么强调他们应该向往又有何意义呢？

其次，人们真的向往快乐吗？要想证明穆勒的观点是正确的，必须满足下列前提，即假如我向往某件事，是因为它能给我带来快乐，我的向往事实上是为了得到乐趣。也许有时候是这样的，但是我想喝啤酒时，首先是真的想喝啤酒——喝啤酒带来的乐趣对于我来说则是其次。如果愿意，可以想想有些人会明确否认自己向往快乐，这样会导致问题复杂化。受虐狂可能会说他们向往痛苦，并解释说从终极向往的痛苦中获取的快乐是其次的，从而把问题搞复杂。

之所以说穆勒扩展了边沁的功利主义概念，是因为他不但考虑某一行为所产生的快乐的量，而且也考虑质。边沁的享乐主义计算方式虽然非常复杂，但是可以在了解快乐的量的基础上选择行为。不过，它并没有考虑不同快乐的质的区别。穆勒认为，有些快乐要比其他快乐更优质，而且相对基础快乐而言，这些更大快乐更值得向往。为什么会这么想呢？此外，有没有明确的方式可以表明二者之间的区别呢？或许可以从下文推断穆勒对此的解答：

> 很少有人会因为能够充分享受相应的快乐而愿意变成其他任何低等动物。聪明的人谁也不愿意变成傻子，没有受过教育的人会很无知。拥有情感与良知的人谁也不会自私、卑鄙，即便他们很清楚傻子、笨蛋或者无赖要比自己更满足于自身命运。

穆勒在此指出，体验过按摩与诗歌创作、酒足饭饱与莫扎特音乐的人会注意到带来更大快乐的纯洁、高尚、深刻和完美，从而把基本的快乐远远甩在后面，不管它有多少。而体验过上述两种快乐的人能够分辨出二者，并认识到其中之一相比另一种更受人青睐。

还记得穆勒借助生活中的美好事物治愈了抑郁吗？而也正是这些美好的事物影响了他的判断。他似乎认为，相比生活简单、快乐的白痴而言，对人生不满意的知识分子的痛苦生活更值得青睐。这一观点真的符合功利原则吗？

穆勒在《论自由》一书中提出的大部分观点显然源自他对功利原则的思考、对人自身最美好部分的认识、自我提升的能力以及决心追求幸福的做法。他认为，自我提升，即个人追求自身目标的做法，是“人类福祉的基本条件之一”。因此，个人自由在穆勒的政治学中得到了证明。他指出有必要遏制政府权力：“文明社区的任何成员都可以正当使用权力的唯一目的就是防止伤害他人。政府自身的好处，无论从身体还是精神方面考虑，都算不上充足保证。”

人们很有可能想知道穆勒在这个问题上与边沁的看法有多大区别。边沁提出功利原则的初衷在于为立法者提供适合于所有人的理性做法。赞同边沁主义的立法者应该制定有利于市民的法律，控制个人行为，从而让所有市民更高兴。穆勒则明确否认了这种观点。他认为人应该想做什么就做什么，这样他们就不会伤害他人，即便有时候可能会威胁到自身幸福。

这一观点并不像想象中那样偏离功利主义。穆勒认为，相比不采取功利原则的国家来说，采用这一原则的国家能让国民更幸福。考虑到现代国家对市民的综合控制力度大得惊人，再加上这些国家一直在试图证明它们的做法对所有人都有利，而事实上它们并不敢肯定这一点，因此不难想象穆勒希望限制这方面政治权力的做法是对的。

主要著作

《逻辑体系》（1843）

这本书表达了穆勒的激进经验主义思想。他在书中指出，连逻辑法则也是实证性质的。书中还对归纳法做了重要说明。

《论自由》（1861）

这本书旨在解决少数人的权力和民主政府规定之间的冲突。它提出了一条很好的建议，即个人不应该受政府强令去做一些只利于政府自身的事情。

《功利主义》（1861）

穆勒在这本书中旨在扩展边沁的功利主义观念。他还专门提出了该如何处理快乐与痛苦的定性内容。

第三章 克尔恺郭尔：存在主义哲学之父

——我们所害怕的，正是我们所渴望的。

索伦·奥贝·克尔恺郭尔（1813—1855）通常被认为是存在主义哲学之父。和其他许多存在主义者一样，他的哲学思想具有明显的神学脉络。

克尔恺郭尔的一生在很多方面都比较平凡。举个例子，他一辈子只离开过家乡丹麦三次，业余时间主要用来看戏，外加在哥本哈根散步。不过，如果不了解他的传记就很难正确理解他的著作。幸运的是，克尔恺郭尔从 21 岁开始就写日记，而且量很大，这些也有助于读者了解他的人生与哲学经历。

1813 年 5 月 5 日，克尔恺郭尔出生在哥本哈根，是家里最小的孩子。父亲迈克尔·克尔恺郭尔是非常成功的丹麦商人，母亲安·索伦达特·隆德是父亲的第一任妻子，曾经是父亲的女仆。小时候，克尔恺郭尔把父亲当作生命中最重要的人。父亲是一位宗教徒，致力于虔诚的路德宗教义，长期深受焦虑与内疚困扰。一些评论家认为这和他孩童时的一件事有关。当时，他在山顶放羊，又累又冷，于是便开始诅咒上帝。也有人则认为这是因为他娶第二任妻子之前让她怀孕了。不管事实真相如何，儿子遗传了他的悲观主义与阴郁的宗教观念。克尔恺郭尔后来谈到，自己的成长过程“几近疯狂”。他还在日记中写道，是罪恶让自己降临到这个世界上的。

克尔恺郭尔（1813—1855）

克尔恺郭尔早年时期就有不祥的预感，后来母亲和五个兄弟姐妹的早逝进一步加剧了这种感受。父亲认为这是天谴的象征，事实上，他从未指望子女能活过 34 岁。除了索伦和大儿子皮特例外，他预言中的不幸都发生了。

考虑到克尔恺郭尔的家庭背景，他接受的教育显得异常正规：他上的是著名的私立学校——Borgedydskolen，在那里，他非常孤独、不合群，但是学习成绩要比同班同学优秀；17 岁时，他去哥本哈根大学学习神学。结果，计划赶不上变化。克尔恺郭尔短时期内有了新的想法，在当时 19 世纪的丹麦被认为是青少年的叛逆行为。在大学期间，他变得对哲学和文学更感兴趣，而且喜欢上了参加各种派对，成天喝酒、抽烟，欠债累累，这些问题都得父亲替他解决。

伦理学与美学

然而，1838 年，父亲去世了。因此，克尔恺郭尔的安逸生活就此结束了。他开始转而关注神学研究，两年后获得了硕士学位。也正是在这期间，他和雷吉娜·奥尔森坠入了爱河，这也是他一生中唯一一次真爱。他在日记中记载道，他向她求婚后，马上就后悔了。之后一年一直不表态，最终于 1841 年与雷吉娜解除了婚约。至于他究竟为什么这么做，原因并不清楚，他似乎认为自己的忧郁性情不适合结婚，理性方面与她格格不入，觉得自己身为作家，就不应该结婚。

显然，这件事对他产生了深刻的影响。他在日记中反复提到这件事，而且在哲学作品中也时有体现，尽管稍有掩饰。比如，他第一部重大著作《非此即彼》中，好几部分内容都在解释促使他与雷吉娜解除婚约的各种事情。同样地，另外一部早期著作《重复》中讲了一个故事，即一个年轻人因为担心结婚后需要承担道德承诺，因此不能娶心爱的女人。当然，这些著作除了消除心理障碍之外，还提出了重要的哲学观点。

克尔恺郭尔在《非此即彼》中提出了两种生存模式，可供人们选择。第一种是审美模式（即享乐主义），强调即时满足与活在当下的重要性。这种模式在书中一个叫“A”的人的论文与信件中有明确的表达。第二种是伦理模式，主要基于责任与义务，主要在写给 A 的两封信中得到了表述。这两封信分析、评价了 A 的动机与展望，并指出要想有所成就就应该致力于做好伦理生活的方方面面。克尔恺郭尔通过采用非同一般的叙事技巧与各种化名掩饰了自己对正确选择的认识。然而，他很快便认识到审美模式与伦理模式都不合适，而是存在第三种生存模式，即宗教领域——人们可以从中找到真正的自由与自我实现。

信仰的飞跃

宗教领域包含了在“恐惧与战栗”中实现的“信仰的飞跃”，它超越了理性认识。基督徒对暂存与永恒耶稣基督的崇拜必然充满矛盾。根本不可能通过理性评价或经验证据来证实这一信仰，唯一可选的就是全心全意的承诺。克尔恺郭尔在《恐惧与战栗》一书中说明了亚伯拉罕与以撒的《圣经》故事所诠释的伦理观。

在《圣经》第一卷《创世记》中，上帝指示亚伯拉罕杀死儿子以撒。克尔恺郭尔指出，服从这一指令需要采取不符合正常道德观念的行为，需要为了实现更高目标而破坏伦理。他将亚伯拉罕的情况与“英雄好汉”进行了对比。举个现代人的例子：军事将领知道，想防止城市遭到破坏，就必须舍得让一批士兵牺牲，而他的儿子就在这些士兵当中。这就导致他面临严重的伦理难题，但是也可以就其展开理性讨论，不管这位指挥官采取哪种做法，都可以理解。亚伯拉罕则不属于这种情况。他必须执行上帝的指令，而这一指令造成的后果完全不符合伦理观念。他不仅无法向其他人证明自己的行动是合理的，而且甚至都说不清楚自己为什么必须这么做。这一切都是他对自己与上帝的情感的一种主观的、热情的献身。

因此，选择宗教信仰并不容易。按照克尔恺郭尔的观点，实现合理的宗教信仰难度非常大。那么，为什么还要选择它呢？为什么不坚持采取审美与伦理模式呢？因为个人只有借助宗教信仰才能避开绝望，实现真正的自由，而自相矛盾的是，这些都取决于至高无上的上帝。

克尔恺郭尔在强调宗教生存模式的不理性与主观性时，也是在表明自己的看法。他认为试图通过理性、逻辑、系统以及形而上学的手段客观地认识全部的人类思想与经验只能是徒劳。他在此针对的是黑格尔的哲学思想。该思想是19世纪中期丹麦的主流哲学思想。黑格尔的哲学在总结各种指令时显然存在问题，比如，它旨在让上帝与基督信仰在理性面前透明化，而事实上，这二者必定超越了理性认识。

这与克尔恺郭尔提出论点的特殊方式相一致。克尔恺郭尔的几乎所有重要哲学著作都是化名出版，著作中还大量采用了反语、讽刺以及幽默手法来表明自己的观点。这些手法都是为他所谓的“间接表达”手法服务的。这样做的目的是避免读者产生作者权威的思想，从而鼓励他们就具体问题与观点发表看法。克尔恺郭尔在此效仿了苏格拉底的做法。苏格拉底为了鼓励对话者思考，刻意反驳他们给出的问题答案。克尔恺郭尔一直以来强调个人选择与责任，也因此促进了这种方法的实现。

克尔恺郭尔一直认为自己的著作在有生之年都不会受青睐，事实上，他预计到了20世纪，他的作品才能凸显出重要性。这一估计基本上是对的。他的第一本书一直到1877年才得以出版，也就是他去世后22年。他去世时年仅42岁。虽然20世纪早期他就在德国非常有名，但是一直到“一战”结束后“二战”尚未开始那段时间，他才被公认为是重要的学术人物。显然，存在主义的出现和这一点存在很大关系，因为克尔恺郭尔在著作中谈论的话题和海德格尔以及萨特等哲学家探讨的问题很相似。他对个人自由和由此引发的责任与负担等问题的强调贯穿于几乎所有存在主义思想中。

亚伯拉罕准备服从上帝的指令，甘愿牺牲儿子以撒。克尔恺郭尔认为，诸如此类的宗教仪式不符合日常伦理观念，需要暂不考虑伦理评价。

当然，并非所有人对克尔恺郭尔都有很高的评价。比如，有人怀疑他的哲学思想核心（即非理性观点），很容易转化为虚无主义，甚至法西斯主义。伏尔泰说得非常明确，毕竟许多可怕的事情都以信仰需求为理由（事实上，克尔恺郭尔本人的一些社会观点确实比较保守、反动）。尽管如此，克尔恺郭尔无疑是一位伟大的哲学家，他坚持认为个人与主观性、自由与激情非常重要，并以此将哲学带出迷雾，而在这之前，哲学曾处于黑格尔主义的危险潮流中。

主要著作

《非此即彼》（1843）

这本书提出了两种生存模式——审美模式与伦理模式。审美模式的本质是享乐主义，强调即时满足与活在当下的重要性。而伦理模式主要基于责任与义务。后来，作者克尔恺郭尔认识到这两种模式都不够理想。

《重复》（1843）

这本书讲的是一个年轻人担心结婚后需要承担道德承诺，因此不能娶心爱的女人。这个故事显然是受克尔恺郭尔与雷吉娜注定失败的恋情所启发。

《恐惧与战栗》（1843）

这本书分析了伦理观与宗教需求之间的冲突，其中突出的例子便是上帝要求亚伯拉罕杀死自己儿子的故事。克尔恺郭尔在书中指出，服从这一指令需要做出不符合正常道德观念的行为，要求为了实现更高目标而破坏伦理。

《焦虑的概念》（1844）

这部著作的主题是焦虑在缺乏宗教信仰的生活中无处不在。它指出，焦虑与对人类自由的意识、罪恶的必然性以及根本选择的需要相关联。

第四章　马克思与共产主义

——不了解马克思的思想就无法理解20世纪的历史。

从某种意义上说，卡尔·马克思（1818—1883）是最重要的现代哲学家，因为不了解他的思想就无法理解20世纪的历史。

马克思的创作是为了改变世界。因此，他和朋友弗里德里希·恩格斯共同撰写的《共产党宣言》末尾提出了战斗号令：

共产党人不屑于隐瞒自己的观点和意图。他们公开宣布：他们的目的只有用暴力推翻全部现存的社会制度才能达到。让统治阶级在共产主义革命面前发抖吧。无产者在这个革命中失去的只是锁链。他们获得的将是整个世界。

全世界无产者，联合起来！

1818年5月5日，马克思出生在德国摩泽尔河岸边的特里尔市。

马克思（1818—1883）

父亲海因里希·马克思是个非常有趣的人。他是位成功的律师，马克思出生后不久，父亲就从信仰犹太教改信基督教，主要是为了保护自己的事业免受普鲁士反犹太主义破坏。海因里希是启蒙运动的门徒，他还引导马克思去拜读启蒙主义伟大思想家的很多作品，比如莱布尼茨、伏尔泰和康德，以及自由政治观念。

上学期间，马克思的文学成绩出众（但是数学和历史学得并不好），父亲希望儿子能以自己为榜样，将来当一名律师。因此，1835年，马克思开始在波恩大学学法律。不过，一年后，他转学去了柏林大学，专业也从法律换成了哲学，同时和一群激进的思想家，也就是青年黑格尔博士俱乐部的成员走得很近。也正是在那期间，马克思的政治主张崭露头角。他自称左翼分子，并委身民主政治，支持无神论。

1842年，马克思成功地取得了博士学位，并找到了第一份工作，负责编辑一份杂志。之后几年是他思想发展最重要的时期。1844年非常关键，他和纺织品制造商的儿子弗里德里希·恩格斯（1820—1895）成了终生好友。正是恩格斯介绍马克思了解了当时新兴的工人阶级运动，并开始共同研究政治经济学。这标志着世人公认的马克思社会与政治哲学的出现。

更准确地说，马克思是一位社会或政治理论家。之所以把他涵盖到这类书里是因为：首先，他的作品哲学思想造诣颇深；其次，他对很多哲学家都产生了重大影响，尤其是欧洲大陆的那些哲学家。然而，他的著作涵盖领域非常广（包括哲学、经济学、政治理论和历史等），这就很难概括了。更确切地说，这意味着只能有选择性地总结他的作品。话虽如此，马克思思想的一些关键主题还是比较明确的。

马克思与人性

如果想了解马克思理论，最好的起点就是考虑马克思对人性的思考。马克思并没有像当代社会生物学家那样去审视人性，比如，他的兴趣并不在详述具体的人类本能。不过，他确实认为人类天生就能够在自发性共同劳作过程中进行协作。他认为，人类按照自身形象以劳作方式改造世界，并在这一过程中实现自我。这一概念相当复杂——这也不足为奇，因为它在格奥尔格·黑格尔的哲学思想中早有体现。但是，或许可以通过想象一组工程师全身心投入到建造大楼的情形来认识这一概念：当他们最后盯着大楼看时，也能从中看到自身的人性，以及生产的社会性。

认为人类通过自主劳作实现自我非常重要，因为它是异化劳动理论的基础，而异化又是马克思对充满阶级冲突的社会批判思想的关键。简而言之，人们从劳作成果以及过程分离出来后，就等同于被异化。他们在参与生产活动的过程中可能会失控，也可能对劳作成果失去控制。这时，就会出现上述情况。异化的关键在于它永远都是自我异化。对于马克思而言，异化就意味着与基本人性分离，因此无法过上完整的人类生活。

自我与异化

异化在不同程度上是所有阶级社会的一方面，包括将拥有并控制生产方式的人与其他人区别开来的所有社会。不过，异化正是在资本主义社会达到了顶峰。资本主义的特点是，拥有生产方式（比如工厂、机器等）的资产阶级与只拥有自身劳动力的无产阶级两大对立阶级之间的根本冲突。无产阶级在不能自由选择的情况下被迫出卖劳动力，并因此被异化。他们几乎无法控制劳动过程，为了满足剥削阶级的利益耗尽了生产力。马克思这样描述无产阶级的异化过程：

> ……他在自己的劳动中不是肯定自己，而是否定自己，不是感到幸福，而是感到不幸，不是自由地发挥自己的体力和智力，而是使自己的肉体受折磨、精神遭摧残。因此，工人只有在劳动之外才感到自在，而在劳动中则感到不自在，他在不劳动时觉得舒畅，而在劳动时就觉得不舒畅。因此，他的劳动不是自愿的劳动，而是被迫的强制劳动。因而，它不是满足劳动需要，而只是满足劳动需要以外的需要的一种手段。

然而，无产阶级并非失去了一切，因为马克思认为他们拥有解放全人类的潜力，资本主义并非坚不可摧。事实上，马克思认为，资本主义充满了各种矛盾，最终必将灭亡，而无产阶级能够实现资本主义的毁灭。具体而言，作为清楚自身现实与状况的自为阶级，无产阶级注定会消除所有阶级区别，并基于集体所有制建立新的社会形式——共产主义。这样一来，他们就可以避免人们从劳作成果、过程以及人的天性中异化出来。

马克思已经认识到资本主义可以利用自身资源去应对内部矛盾产生的影响。举个例子，马克思主义者为了所谓的“错误阶级意识”冲锋陷阵。这里的意思是工人阶级没有意识到自身作为革命力量的历史使命，因为他们接触了资本主义思想。由于资产阶级主宰着经济领域，因此也控制着教育体系与大众传媒。因此，他们总体上能够向社会传播思想，从而导致无产阶级对自身的真实处境熟视无睹。

当然，可以说资本主义尚未崩溃，但是它终将走向灭亡。马克思的基本理论是对的。这一论点往往有对资本主义经济剥削发展中国家新市场方式的分析作为补充。

马克思指出，共产主义社会的人们（理性、具备自我意识、缺乏自主性），将不再彼此疏远。他的朋友恩格斯设想，有一天将不再需要国家权力与人民政府。

主要著作

《1844 年经济学哲学手稿》（1844）

这是一系列哲学与经济学节选内容，其重点是首次对马克思的异化劳动理论做了恰当表述。

《德意志意识形态》（1846）

这是马克思和弗里德里希·恩格斯的合著，在马克思去世后才得以出版。书中首次阐述了历史唯物主义学说。

《共产党宣言》（1848）

这是对马克思革命哲学史的经典辩证声明。它成为许多共产党的宣言。这本书指出了这样的政治学意蕴："所有现存社会史就是一部阶级斗争史。"

《政治经济学批判》（1859）

这本书的导言部分非常出名，对唯物主义哲学史进行了简明表述。

《资本论》（3 卷：1867，1884，1893）

这是马克思最著名的结论性著作。这本书主要是一部政治经济学著作，书中对资本主义社会的作用与缺点进行了详尽叙述。第二卷和第三卷是由弗里德里希·恩格斯编辑出版的。

第五章　皮尔斯与实用主义

——没有永恒不变、一劳永逸的真理。

查尔斯·桑德斯·皮尔斯（1839—1914）是一位与众不同的哲学家，因为他一生没有出版过任何概述自身思想的作品。尽管如此，他对哲学界的贡献巨大，只不过世人还没有充分认识到这一点。

皮尔斯是著名的实用主义创始人。后来，他为了准确定义，将实用主义称为“实用化主义”。然而，如果认为他的学术兴趣仅限于此，那就大错特错了，因为他发表过大量其他领域的作品，包括数学、经济学、人类学、科学史、语言学、心理学等。他的作品总量多达12,000页，至少还有另外8000页现存文字尚未出版。

皮尔斯的父亲是哈佛大学数学家本杰明·皮尔斯，他是美国非常受尊崇的数学家之一。皮尔斯于1839年9月出生在马萨诸塞州的坎布里奇，从小在良好的学术氛围中长大。当时，一些世界顶尖的

皮尔斯（1839—1914）

科学家与哲学思想家是皮尔斯家的常客。查尔斯年幼时，就产生了求知欲望与独立性。由于本杰明·皮尔斯亲自负责教育儿子，许多评论家将皮尔斯的创造力归功于父亲教育他时的说教方法。本杰明·皮尔斯通常会给儿子布置一些问题，让他独自解决，然后再检查他的解决办法是否合适。

和许多伟大的哲学家一样，皮尔斯年幼时就展示出了非凡天赋。他 8 岁时就开始学化学，13 岁时就开始读康德的《纯粹理性批判》。不过，他在上哈佛大学期间表现并不突出。据说是因为他认为大学期间的课程太简单了，对它们不感兴趣，因此全班 90 人，他排名 79。不过，他很快就表现得很有才能，当时是毕业于哈佛大学劳伦斯科学学院的第一名优等生。

事实证明，皮尔斯的下一步行动对于推进哲学发展而言非常重要，他准备去美国海洋和大地测量局工作，并与该局合作了 30 年。这一点之所以重要，是因为皮尔斯把自己看作是实践科学家，而且他大部分时间都是这样认为的。这在他的工作重点上也有所反映。比如，他将实用主义称为“实验科学哲学”。

实用主义的本质

皮尔斯在《如何清楚表达想法》中用一句话概括了实用主义的核心内容，并在 1878 年的《通俗科学月刊》中得以发表：“为了确定一个理性中的概念的意义，应当考虑从那个概念的真理性中必然产生什么样的实际效果，这些效果的总和就构成了这个概念的全部意义。”

从本质上而言，这里是说，要想搞清楚某个想法或概念的内容，就应该识别其在多种不同情况下的具体体现。换句话说，通过研究某个想法或概念的内容所带来的实际效果，才能清楚地认识它。

皮尔斯借助“硬”和“重”这两个概念来说明这一观点：我们说某物是“硬”的，无异于在说它的表面不能被许多其他物体留下刮痕。和其他特性一样，这一特性的完整概念在于其产生的影响。如果不进行实际检验，硬物与柔软的物体之间就不存在任何区别。（《如何清楚表达想法》）

说某物是“重”的，无异于在说如果缺乏支撑，它就会“坠落”。显然，这（暂不考虑该物体坠落的具体参数等，这些都是运用“重”这个词的物理学家的想法）就是重量的概念。（《如何清楚表达想法》）

因此，只有对硬物进行检验时，“硬”的概念含义才会产生。比如，它们不能被其他物体留下刮痕，被接触的时候不会破碎，能够在柔软物体上产生凹痕等。重物也一样，如果得不到支撑就会坠落。

真理的定义

这一概念导致皮尔斯变得有些激进，尤其是它使得皮尔斯将真理定义为可靠的调查人员长期以来形成的共识。意思是，他认为所有研究者针对任何问题都会得出同样的结论。之所以这么巧，是因为实际事物能够产生信仰。由于只存在一种现实，因此可靠的调查者最终会得出一致结论：

> 不同的人一开始很可能会产生相互对立的看法，但是随着调查的深入，外界力量就会引导他们得出一致的结论。这一思想活动犹如命运的安排，会带领人们走向预先注定的目标，而不允许随心所欲。即便改变看法、选择其他研究事实或者内心的自然倾向，都不能使任何人逃避注定的看法……所有调查研究者注定得出的结论就是所谓的“真理”，而这一看法中所涉及的物体是真实存在的。这就是我对现实的解释。（《如何清楚表达想法》）

皮尔斯的这一观点并非毫无瑕疵。比如，有人指出，这一认识显然存在矛盾。他认为现实可以控制并推动信念，然而现实本身则是由长期得出的共识构成的。因此，这就意味着是一致的看法在推动人们得出一致的结论！

虽然皮尔斯的真理观存在逻辑问题，但是这并没有对他的科学实践观产生显著影响。他致力于谬误主义的科学方法论。也就是说，他认为科学就是通过不断检验有关自然世界的假设而不断进步的。

事实上，他认为科学调查要遵守三条推理原则，这与现代科学方法在一定程度上不谋而合：首先是溯因法，即为了解释具体现象得出的假设；其次是演绎，即从假设中得出可检验命题的途径；最后是推理，即为了检验假设所采取的整个实验过程。

皮尔斯认识到，提出谬误主义的科学发展观，就等同于认为科学真理是假定的。他指出人们不应该笃信当前科学观点的真实性，而是应该把它当作实现真理的必经阶段。然而，他一方面认为现实是由许许多多调查者长期达成的共识构成的，另一方面却相信能够找到某些问题的最终答案，这二者之间似乎有些矛盾。只要问题具备真实的检验结果，那么相关真理终将出现。

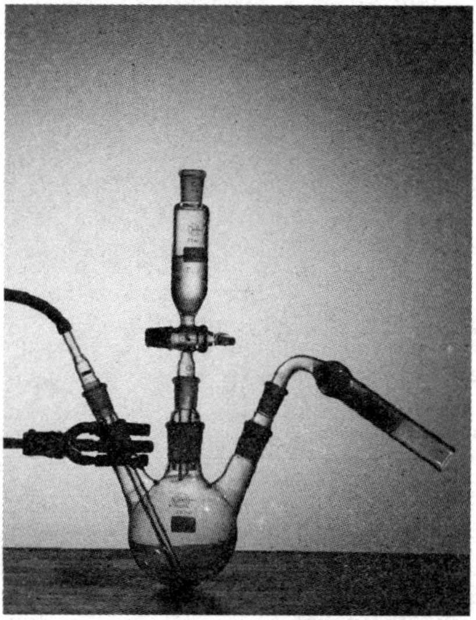

实验科学哲学：皮尔斯认为真理是假定的，需要根据新的检验结果不断评估。

逻辑转变

皮尔斯在 19 世纪 70 年代末的文章中概括了实用主义与科学知识观。之后，他便将关注的焦点转向了逻辑学，并于 1883 年和学生一起发表了《逻辑学研究》，其中阐述了量化逻辑的观点。不过，这本书出版时，他的命运也开始走下坡路。1884 年，他被原先工作的大学解雇，原因是大学领导发现了他的过失行为：当时，人们普遍认为他放荡不羁，是可疑道德主张和非正统宗教信仰的始作俑者。1891 年，他被美国海洋和大地测量局解雇。从此以后，他变得一贫如洗，开始和第二任妻子一起在宾夕法尼亚州生活，几乎与外界隔绝。由于被学术界公认为不可聘用，他主要靠做临时咨询工作以及朋友的接济为生，比如威廉·詹姆斯。

1914年，皮尔斯悄无声息地去世了，在哲学界没有引起一丝涟漪。不过，自那时起，尤其是20世纪30年代他的论文集第一卷出版后，他的名望开始恢复。这本书在对他的人生和工作进行概述时，主要关注他的实用主义思想和科学观。身为专业的哲学家，他在其他工作领域的贡献也同等重要。尤其是他做过很多有意思的逻辑学、符号学和形而上学等方面的原创工作。如今，作为学术伟人，他越来越受到重视。马克思·菲什这样评价他：

> 谁是美国迄今为止最具独创性、最多才多艺的知识分子呢？无疑是查尔斯·皮尔斯……他是数学家、天文学家、化学家、大地测量学家、测量师、制图师、计量学家、光谱学家、工程师、发明家；心理学家、语言学家、词典编纂者、科学史家、数理经济学家，一生都在研究医学；书评家、剧作家、演员、短篇小说家；现象学家、符号学家、逻辑学家、修辞学家和形而上学者。

所有这些，再加上有待出版的8000页作品内容，想必皮尔斯会越来越出名。因此，公平地说，皮尔斯确实实现了他早期的承诺。

主要著作

皮尔斯一生没有出版过任何一部能够概述或解释他哲学立场的哲学著作。相反，他更喜欢为学术期刊撰写技术文章。因此，建议感兴趣的读者去阅读他的论文集，或许还可以参考豪泽和克劳埃塞尔的两卷书《至关重要的皮尔斯》（印第安纳大学出版社）。在许多二次文献当中，《皮尔斯的剑桥同伴》（剑桥大学出版社）或许是最佳的入门读物。

第六章　威廉·詹姆斯：美国心理学之父

——改变你的想法，你就能改变你的生活。

威廉·詹姆斯（1842—1910）是小说家亨利·詹姆斯的哥哥。他和皮尔斯共同被称作美国本土最早出现的哲学流派——实用主义的创始人。

1905年，威廉·詹姆斯写了这样一系列日记（当时，他考虑自己可能要退休了，专业执教生涯即将结束）：

10月26日："辞职！"28日："辞职！！"11月4日："辞职？"7日："辞职！"8日："不辞职！"9日："辞职！"16日："不辞职！"23日："辞职！"12月7日："不辞职！"9日："明年继续教学。"他一直在哈佛大学教书，直到1907年才成功辞职。上述日记内容会让读者感觉，詹姆斯同时会产生好几种不同的想法。也许正是这一特点差点儿让他丧命，不过，他最终选择了实用主义——美国本土第一大哲学流派。

许多评论家认为詹姆斯惊人的优柔寡断源自他儿时的亲情剧变。詹姆斯的祖父是爱尔兰移民，大富豪。祖父过世后，詹姆斯的父亲亨利就体会到了经济独立的乐趣。这或许也无妨，因为亨利·詹姆斯是个不安分的知识分子，有志于宗教事业，却缺乏经济头脑。父亲留下的遗产让他得以去追求兴趣，致力于子女的教育。他鼓励五个子女（詹姆斯的弟弟小亨利是知名的小说家）自由自在地思考问题，他们经常在吃早餐时还在讨论各种他们感兴趣的问题。全家人经常往返于美国和欧洲，主要是为了让子女有机会接受最好的教育。家人之间讲多种不同的语言，而且能够相互包容彼此的信仰。詹姆斯得以在家庭生活中认识到各种论点、各种选择的方方面面，以及它们的优缺点。

虽然这种性格特征听上去还不错，但是它却导致詹姆斯在面对人生各种选择时无所适从。他一辈子都遭受着失眠症的痛苦，而且视力极差，经常背疼。除了生理方面的痛苦之外，他还经常遭受抑郁症的困扰。一些人认为，抑郁的根源在于，他的性格特点导致他在面对各种人生选择时无法得出定论，不能判断自己的做法是否正确。全家人曾经搬去罗德岛居住，为的就是让詹姆斯有机会学习美术——现存还有一些他创作的非常出色的肖像画，值得一看。结果，不到一年时间，他便放弃了美术，转而去哈佛大学劳伦斯理学院学习。即便当时他仍

威廉·詹姆斯（1842—1910）

然不确定实验室工作是否是自己最好的归属，他还去哈佛医学院学医。在那里学习之前，他花了一年时间随古怪的人类学家路易斯·阿加西前往亚马孙河探险。当时，他意识到自己几近中年，但是对人生目标还是很不明确。

宿命论

詹姆斯对宿命论真理的顾虑导致他的宿命论哲学非常糟糕。如果所有的行为、想法或希望都是事先决定的，那么人生又能有何不同呢？又有什么意义呢？他的哲学思想危机的核心是宗教与科学之间的冲突。詹姆斯的父亲深受疑心很重的伊曼纽尔·斯韦登伯格影响，一辈子都在努力树立独特的宗教信仰。毫无疑问，詹姆斯感觉继承父亲的宗教崇拜思想压力很大。他具备较高的艺术与文学天赋，却对科学研究的真实性更感兴趣。这一冲突带来的痛苦，以及他毫无目标的生活，再加上他认为任何自由选择很可能都得不到解决问题的办法，这种种都让他难以承受。因此，他曾认真考虑过自杀。

然而，一次哲学转变似乎挽救了他。詹姆斯接触法国哲学家查尔斯－伯纳德·雷诺维叶的作品后，从中发现了解决宿命论问题的特殊办法。雷诺维叶指出，自由意志指的是“坚持选择某种想法，虽然也可以产生其他想法”。一个人或许无法选择头脑中的想法，但是意志却可以使大脑集中考虑某些想法，放弃其他想法，而优先考虑的想法会决定行动。这让詹姆斯认为，宿命论和自由意志都无法证明，从而为选择这二者之中的某一立场并导出后续论断留有余地。詹姆斯选择了自由意志，而且似乎也做到了，那就是他提出了实用主义。其核心思想接下来将会介绍。

詹姆斯采取了实际行动。他被委任写一本心理学教材。可以预见，这本书的实际出版日期比规定日期晚了十年，而且根本就不像是本教科书。它的书名是《心理学原理》，一经出版便产生了持久的深远影响。

本书带有实证主义意味，旨在让心智心理学研究成为自然科学的一部分。书中说明了精神生活与可见的肉体生活是如何相互关联的。举个例子，心理标记成为用头脑识别事物特征行为的问题。詹姆斯认为，这类事物展现了可塑或灵活的有目的行为——这些行为能够做出选择，并能够排除障碍，凭借这些选择得到想要的东西。在达尔文的影响下，詹姆斯能够从进化论的角度合理地思考心智的重点与目标。让有思想的事物与机器人进行对抗，就会发现前者每次都会战胜后者。

或许本书最有意思的部分是意识的章节。詹姆斯称其为“意识流”。他打破了传统观念，认为感觉并非可重复的内心图像（虽然昨天和今天在床头柜上看到了

战场上的感同身受。詹姆斯指出，不管人们多么努力，也不可能百分之百体会他人的痛苦。

同一只死蚂蚁，但是这两次的意识体验并不同），他认为意识处于不断变化中。詹姆斯认为意识是个人的：它属于某人，其中涵盖了所有的心理包袱。照此，个人的变幻无常不只是增加体验，同时也在确保意识流的不断变化，而各种情况使得各种意识流变得独特。不管你多么能够感同身受，也绝不能百分之百地感受到我内心的痛苦。

詹姆斯对自我的认识也打破了传统。他并没有谈论个人身份依赖的灵魂或其他物质（个人身份将你和他人区别开来）而是区分了“自我”和“经验的我”。经验的我是由带有情感依附或个人兴趣的物体所构成的，包括：家庭、朋友和有价值的财产。社会的我则指的是主我在不同社会场合所发挥的作用。宝贵的价值观念构成了精神的我。我对经验的我的最佳期望就是理想的我。詹姆斯所说的“自我”更接近于通常人们所说的自我，不过他将其等同于类似经验主义的事物，即存在于思想现状的某种活动。

实用主义

《心理学原理》出版后，詹姆斯的兴趣似乎从心理学转移到了哲学领域，尤其表现在他努力调节所感受到的宗教冲动与科学研究实际需求之间的冲突。这样做的结果是形成了实用主义思想，该术语是他从朋友皮尔斯那里借鉴来的。皮尔斯认为务实考虑应该引导我们对真理与意义的认识。詹姆斯根据自身的考虑对这一想法进行了充实。他认为哲学应该关注人们的日常生活，这一点成为他和皮尔斯的又一大区别。相比皮尔斯的作品，詹姆斯的作品技术性没那么高。他的作品虽然表意没那么清晰，却更容易理解。

詹姆斯对实用主义的认识当然和他成功逃避自杀有很大关系。在他看来，真理在一定程度上是指某一观点的有用性，而有用这个问题比较复杂。简单地反对实用主义，认为只要能让人们感觉好些就值得相信，只不过是人们的自由意愿，至少忽略了一部分重点。詹姆斯的有用性不但取决于某个想法在多大程度上能让人们过得更好，而且还取决于该想法可能的预测能力——这一观点与詹姆斯的激进经验主义相一致。詹姆斯还指出，如果X存在，同时X想法能够帮助人们处理X，那么X想法才有用。实用主义者认为，真理与现实相一致。此外，要想成为真实观点，它们必须与其他观点相一致。这一概念也包含了真理融贯论的因素。

不过，重点显然在于某一观点对实际工作产生的影响。詹姆斯这样表述：

> 实用主义通常会提出这样的问题。"假设某个观点或想法是真的，"它说，"那么它的真实性能给人们的实际生活带来哪些具体影响呢？真理如何才能实现呢？如果想法是错的，那么它会带来怎样不同的体验呢？简言之，用经验主义的说法，真理具有怎样的货币价值呢？"

这一观点为处理形而上学矛盾提供了解决方式。用詹姆斯的例子来说，假如你绕着一棵树骑行，那么请试着去关注和你做同样运动的松鼠。如果有人问，“你是在绕着松鼠骑行吗”，你至少可以采取两种方式解释这个问题。但是，你给出的答案又能给人类的行为带来怎样的潜在影响呢？类似这样的哲学争端往往属于文字问题。如果不能产生实际效果（即不能创造货币价值），就谈不上任何差别。

詹姆斯的宗教观点受到了广泛批判。他指出，经验证据无法解决上帝是否存在的问题，因此可以依据对人生的改善程度选择信仰。对上帝的信仰占据了上风，因为这种信仰有助于人们对未来形成较好的生活态度，而且也赋予了人们想要的人生意义。

真的会有人相信这样的事吗？显然，詹姆斯是这么想的，也是这么做的。所有这一切都带有几分逃避自杀的意味。当然，詹姆斯还认为，哲学应该消除一些痛苦，这也是哲学对他的帮助。他呼吁人们“相信生活值得珍惜，信仰能够创造生活价值”。人们可以就上述观点和詹姆斯争论，却很难找到任何理由反对他的出发点。

主要著作

《心理学原理》（1890）

这本书讲述了詹姆斯对自身心理疾病的长期大胆治疗。其中包含了他著名的意识流思想，即“自我”与“经验的我”之间的区别，以及自由意志。

《信仰的意志和通俗哲学论文集》（1897）

这本书是一本论文集，涵盖了理性、宿命论、道德以及人生意义等主题。它详述了詹姆斯的观点，即便证据不足，一些问题也能迫使人们做出某种选择。在这些情形下，一些解决办法要比其他办法更能改善生活，因此我们有必要去优先相信它们。

《宗教经验之种种》（1902）

詹姆斯在这本书中研究了人性，尤其是与宗教经验相关的人性方面。

《实用主义》（1907）

这本书涵盖了一系列讲座，主题围绕的是真理的实用论、意义、知识以及解决哲学问题的实用方法。

第七章　尼采与现代西方哲学

——每一个不曾起舞的日子，都是对生命的辜负。

弗里德里希·尼采（1844—1900）是19世纪容易被误解并错误引用的哲学家之一。不过，他提出的臭名昭著的超人概念事实上更接近于亚里士多德所谓的“人的美德”，而不光是美化后的雅利安英雄。

弗里德里希·尼采对世人影响深远，他的作品存在很大争议，容易引发骚动，经常遭到误解，但是阅读起来很有意思。最开始吸引世人的是他优美的散文。即便一下午品读他的文字都不会觉得无聊，难免还会因他的机智而发笑，对他的一些过激言论感到吃惊，甚至有必要花一生的时间来琢磨他的思想。

尼采于1844年10月15日出生在普鲁士的洛肯，这一天也是和他同名的普鲁士国王弗里德里希·威廉四世的生日。父亲路德维希是路德宗牧师，母亲弗兰齐斯卡是另一位路德宗牧师的女儿。可以想象尼采过多地接触路德宗教义对他对宗教的苛刻态度所产生的影响。尼采5岁时，父亲失忆了。这一经历对尼采的宗教思想产生了影响——有人猜想尼采的精神病很可能继承自父亲。父亲“垮掉”后，尼采便和妹妹、母亲搬去外祖母家里住——和两个舅妈及外祖母生活在一起。尼采在当时颇有名气的寄宿学校接受了优秀的古典教育。随后，他考上波恩大学，学习神学。没过多久，他便转学去莱比锡大学学习古典语言学，也曾考虑转专业去学化学。尼采正是在莱比锡城发现了对他早期影响颇大的三位伟人：叔本华、唯物主义者兰格和瓦格纳。他正是在那里开始戒除性生活的，很可能是因为在妓院染上了梅毒。

尼采（1844—1900）

尼采参过军，但是没过多久就复员了，因为有一次他上马时不小心被马鞍的鞍桥刺中了胸部。随后，他被聘为瑞士巴塞尔大学古典语言学教授，这让他本人也感到惊讶。他虽然没能写完博士论文，但是导师的热忱帮助以及他自身的天赋，让他顺利获得了该职位。当时，他年仅24岁。

没过多久，他便请假去当普法战争的医疗兵，返回学校后又患上了痢疾和白喉。虽然他那段时间开始创作第一部著作，也能够承担正常的教学任务，但是身体还是不适。自儿时起，他便遭受过大量疾病——偏头痛、失眠症、视力不佳、消化不良，这些很可能是由溃疡引发的。这些老毛病加上新毛病的困扰，导致他只好离岗。

从那时起到他丧失理智之前，他经常感到身体不适，大多时候都待在公寓里——他曾经吐露，当时自杀的念头是他唯一的安慰。在这期间，他创作、出版了大量书籍和文章，用完了无数本笔记本。

1889 年 1 月，尼采在都灵的皮亚佐·卡罗·阿尔贝托看到一位马夫正在鞭打马。突然，他扑上去抱住了那匹马的脖子，最终摔倒在地，从此之后彻底疯了。接下来的 11 年里，他有时候住在巴塞尔的救济院，有时候母亲把他接回家照顾。母亲去世后，妹妹又把他接到家里照顾。他再也没有恢复理智。有人怀疑尼采患的是梅毒性精神失常。如果说这还不够悲惨的话，尼采那个令人不齿的妹妹还挥霍了他的财产。很可能，她和纳粹党人对尼采哲学的灾难性盗用有很大关系。不过，显然尼采并不在乎这一切。他尤其不重视德国民族主义，也不关注党派政治。

真理与价值观

本书篇幅有限，不可能详细地解读尼采的许多卷著作，但是可以总结他几部作品中反复出现的一些主题。尼采的作品有时候被误认为是虚无主义教程。虚无主义认为价值观的存在毫无理由，也没什么意义。一些人之所以把尼采的思想当作虚无主义，是因为他们指出尼采认为不存在什么道德标准，真理没有价值，宗教在走向颓废或消亡。尼采确实有过上述所有或者大部分言论。但是，虚无主义并非他得出的结论，而是他的出发点。他指出，西方的理性与解释性理论框架，即所有人用于价值判断的基本概念已经不足以作为支撑理论。或许人类曾经认为价值基础存在于这个世界之外（比如上帝或绝对事物），但是现在不再相信这一点了。我们正濒临精神危机，需要新的东西来做支撑，否则就会陷入虚无主义的恐惧深渊，甚至要更糟糕。

尼采面对这一危机感到几分开心，因为他从中看到了新的自由，这一自由可以引领人们找到自身价值。他针对这一危机价值的口号是“上帝死了”。你在读这句话时能很容易地感受到尼采话语中洋溢的幸福。请看下面一段话：

> 事实上，哲学家和“自由自在的人”听说“古老的上帝死了”时，就好比看到了希望的曙光，我们内心充满了感激、惊讶、预感与期待。最终，地平线再次向我们招手——即便天还没有亮，我们的舰船终于可以出航去直面各种危险了。所有危险再次被察觉。大海，我们的大海，再次展现在了我们眼前，或许这样的“远海”从来没有存在过。

尼采对待道德价值的态度非常具有启发性。他诠释了所谓的“自由思想”，前提是他认识到当前非常缺乏价值概念。他的讨论非常具有哲理（尽管有人否认这一点）、语言学意蕴、历史性，有时候还接近精神分析。尼采希望，通过揭示道德观所谓的“含义”与“发展史”，能破坏它们，揭露它们的本来面目，并以更进步的东西取而代之。

阅读上述文字很容易迷失方向，这主要是由尼采的创作风格造成的。有时候，他为了修辞与散文效果，往往放弃了表意清晰与逻辑论证。尼采自称是“道德败坏者”，表明他否认所有道德观念。而事实上，他只不过是希望摒弃西方现存的道德范畴。他还说令人钦佩的人应该是“价值的创造者”，有些人认为他的这种观点属于激进的相对主义或自我主义，即认为每个人都应该按照自身的对错观念行事，他们也许只关注自身利益就够了。这或许是人们对尼采的另一大误解。事实上，尼采是在借此呼吁人们回归古希腊人推崇的道德观。在尼采和一些古希腊人眼里，道德取决于人性，它尤其是对人性光辉的表达。不过，尼采认为人性并不是普遍存在的——人性之间存在差异，因此不同的人会发现并遵循不同的美德观与道德观。

道德与权力意志

尼采在这个问题上区分了奴隶主道德与奴隶道德。在前一种道德上，贵族和统治阶级将对他们最有利的事情称为“善”（诚实、权力与自傲），而把他们鄙视的方面称为“恶”（软弱、说谎、懦弱、卑微）。奴隶，尤其是内心存在逃避现实想法的奴隶，看法则不同。由于他们无能，无法对奴隶主使用任何权力，因此便将奴隶主道德观念颠倒了。他们认为，“善”指的是奴隶主的软弱、温顺、痛苦与损失，以及弱者最需要的品质：同情、谦逊、友好与耐心。“恶”反倒成了弱者用来描述自己最鄙视的强者财产的贬义词，包括他们的健康、权力和力量。尼采写道：“可怜的人是好的，贫穷、无能、地位低下的人是好的，痛苦、被剥削、生病、丑陋的人是虔诚的，只有他们才能得到上帝的保佑……而你们这些强大的贵族则永远都非常坏、残忍、贪婪、得寸进尺、不信神……”

尼采认为，道德中的“奴隶叛乱”产生了奴隶道德。在这一诡异的自由历史性时刻，最需要的就是要回归奴隶道德。

人与超人

尼采给出的回归例证是“超人说”，超人克服了人类摇摇欲坠的价值体系。如今，人性成为需要克服的方面，而超人则是“人类这片乌云中的一道闪电”，有着有待实现的新理想。尼采将宗教与下一世的希望和幻想说成是“人性的，太人性的”：该体系认为美德指的是服从死神的意愿，假想的下一次生命的回报成了这一世屈服的借口等。超人则放弃了所有这一切，并按照自身的意志找到了自己在这个世界上的位置。

尼采（右边）和得意门生保罗·雷以及卢·萨洛米在一起评论他那句声名狼藉的说辞：“当你走近一个女人时，记得带上你的鞭子。”

意志的概念（尤其是权力意志）决定了尼采的大部分思想。他的笔记本中有一些轻率表述，其中指出他玩世不恭地认为一切都是权力意志，权力意志是一切现实或者基本解释原则的基础元力。这一思想最初出现在尼采的著作中时属于驱动力，为实现控制而付出的努力。但是，显然，后来尼采认为该思想的内涵不仅限于此。他创造了一位预言家查拉图斯特拉，他声称一切生命都是权力意志。他在后期作品中称其为“积极向上的推动力”。或许至少可以认为，权力意志属于所有人实现自我主张的无理性倾向。将这一观点与他对善的诠释结合考虑，就比较容易理解尼采笔下原本费解的文字。

然而，在阅读尼采的作品时，人们希望了解的不只是道理，更重要的是真理。如果尼采提出的是一种新的道德观，那么它必定能够为我们提供一些建议，不是吗？它应该引导人们如何生活，告诉我们该珍惜什么，并形成一定的行为对错观。可以说，我们确实应该回归古希腊人的观念，找到自身价值。但是，如果没有更多建议，这一切不就成了无意义的空谈吗？

如果难以想象尼采面对这样的异议大怒的情形，那么就很难沿着这一思路考虑问题。尼采强调的是，人类已经得到了足够的建议，也进行了足够的聆听，拥有足够的追随者。要想克服助长上述异议的群居本能，就需要多为自己考虑一些。

主要著作

《悲剧的诞生》（1872）

这本书不是从理智的阿波罗精神角度切入的，而是从疯狂的酒神精神角度重塑希腊文化。尼采在酒神精神中看到了创造性、文化与精神重生的可能。

《人性的，太人性的》（1878）

这本书是尼采针对大量主题所说的精练而又费解的格言集。其中，权力的概念首次真正出现在了尼采的作品中。

《查拉图斯特拉如是说》（1883—1885）

这本书是尼采重要的作品之一。它详述了查拉图斯特拉的发展，此人预言了超人的出现，以及超越于人类社会的现象。

《善恶的彼岸》（1886）

尼采在书中阐述了道德，其中还涉及权力意志的成熟表现。

《论道德的谱系》（1887）

可以把这本书看作是对基督教道德的批判。尼采在书中论述了道德中的“奴隶叛乱”，还对神职进行了猛烈抨击。书中还表达了观点主义。

第八章　胡塞尔与现象学哲学

——我们切不可为了时代而放弃永恒。

埃德蒙德·胡塞尔（1859—1938）是现象学哲学的创始人，该哲学思想形成于20世纪。

胡塞尔非常喜欢用新词，也喜欢旧词新用，这就导致他的哲学作品比较费解。在研究胡塞尔的学者眼里，这是件好事，因为他们最喜欢借谈论新词来戏弄彼此了，比如悬置、意向对象、现象还原、视域和原质等。通常，人们无法理解这样的写作风格，但是，或许可以谅解胡塞尔采用这些专门用语，因为他确实发明了新的哲学方法，并且该方法在20世纪的大陆传统中占据着主导地位。

胡塞尔称这种方法为“现象学”。就其最普遍的意义而言，现象学指的是对意识经验结构的分析与说明。胡塞尔对意识的兴趣可以追溯到他的个性形成时期，以及老师对他产生的影响。

1859年4月8日，胡塞尔出生在摩拉维亚的普洛斯尼兹，该地区当时属于奥地利帝国，如今属于捷克共和国。父亲是服装商人。他10岁时，便被父亲送去维也纳文实中学接受教育。不久，他便转学去了离家更近的奥尔米茨德国公学。虽然学习成绩并不优异，但是他对科学与数学产生了浓厚的兴趣。1876年，他从公学毕业，然后依次去了莱比锡、柏林和维也纳大学学习物理、数学、天文学和哲学。1882年，他获得了博士学位，毕业论文题目是《微积分变分学理论的贡献》。1884年，他决心去维也纳师从德国哲学家、心理学家弗朗茨·布伦塔诺，这也是他学术生涯的决定性选择。

胡塞尔（1859—1938）

布伦塔诺之所以对胡塞尔影响深远，主要在于他提出了意向性概念，而这一概念正是现象学的核心思想。意向性是指意识导向，意识往往具有一定的对象。布伦塔诺这样解释：

> 所有心理现象的特征都是有中世纪经院哲学所谓的“对象有意”（或思想上）的不存在。即我们所谓的“内容引用”“对象导向”，尽管这一说法并不十分明确……所有心理现象都包含对象本身，尽管方法不一。无论陈述、判断、喜爱、厌恶还是渴望，都会涉及一定对象。（《从实证角度研究心理学》）

胡塞尔则这样表述：

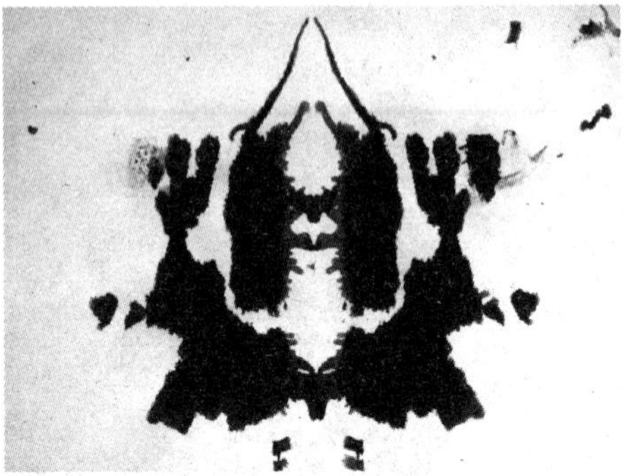

罗夏墨渍。我们在墨渍中看到的东西取决于我们是谁。胡塞尔说，同理，我们看待外界的方式也会受自身经历、兴趣以及整个意识的影响。

术语的表达就是意向性……它指定了某一对象意识的基本特征。在针对某物形成不假思索的意识时，同时也会关注对象本身，我们的意图也会随它而去。（《现象学导论》）

胡塞尔的基本思想很容易理解：意识在各个方面总是指向某一对象。举几个例子：我们看到了一条狗，想要冰激凌；在比赛中当裁判，回想起了一场生日聚会；再或者观赏日落景象。但是，一谈到细节，即刻就变得异常复杂。以幻觉为例：如果我们认为自己看到了独角兽，既然意识必定会指向一定对象，那么独角兽在一定意义上就是真实存在的吗？布伦塔诺的解释是：这个问题尚无定论，仍然在讨论——对象以某种形式存在于心理领域。胡塞尔不同意这一说法，他认为，意识只不过是针对对象的意识，意识对象的存在与否则是次要问题。

现象学还原

要想了解胡塞尔的思想，最好的办法是从他提出的“现象学还原”概念入手。这个概念或许要算最核心的现象学方法了，其中包含了关注意识对象的特别方法。在对一些物件形成想法和理论后，我们不应该再把它们看作平常事物了，而是应该把它们当作事物的表象。举个例子，邻居家戴红项圈的狗。我们将这些存在圈定，暂时终止对它们的“自然态度”，为的就是对它们形成纯粹的意识经验，我们会在它们是否存在这一问题上保持中立。

胡塞尔希望通过这种方式来关注纯粹经验，从而对意识导向的结构获得一定了解。然而，对经验主观因素的强调导致胡塞尔被指控存在哲学唯心主义倾向。也就是说，他认为世上并不存在独立于人类经验的现实。不难发现人们是如何得出这一结论的。事实上，胡塞尔将自己提出的方法命名为“先验唯心主义”。此外，他指出，意识会构成对象。不过，他还声称，外界的存在毋庸置疑。

乍一看，胡塞尔的思想似乎自相矛盾。当然，很多评论家也这么认为。胡塞尔所提出的方法曾经受到了各种批判，其中一大批判意见是：他陷入了表象深渊；和笛卡儿一样，他在主观向客观过渡的问题上也没什么更好的办法。这里存在一定的讽刺意味，因为他的目标就是为一切知识建立客观基础。他对笛卡儿提出的激进怀疑方法印象非常深刻，却认为笛卡儿研究得不够深入。因此，他坚持认为，在现象学还原中，有必要将自身对外界的认识排除掉。但是，结果就导致主观与客观之间出现了冲突。

意识与外界

胡塞尔一方面声称意识构成了所指对象，另一方面声称存在外界现实。尽管如此，至少可以考虑解除这一矛盾的办法。胡塞尔似乎认为，单单是外界事物不足以决定人的意识。要想理解这一点，可以想想大雾弥漫的夜晚，我们往街上望时的情景。我们会看到各种形状，但是每个人对这些形状的认识则会因为各自的经验、兴趣、文化认同等有所不同。举个简单的例子，相比一直生活在城市的人而言，一辈子都生活在亚马孙丛林的人会看到街上有更多不同的事物。那么，这样的意识就构成了我们看到的东西，它构成了我们对外界的经验。

现象学的影响

现象学一直以来对人们影响巨大。在哲学界，现象学是许多思想家作品的基础理论，包括海德格尔、萨特和梅洛·庞蒂。比如：海德格尔在其伟大的著作《存在与时间》里写道“献给了胡塞尔”，以表谢意（不过，后来他撤销了这一做法）；萨特在《存在与虚无》中指出，“胡塞尔表明，一切意识都是关于某物的意识”。胡塞尔将这一认识作为人类自由存在理论的基础。

除了哲学界，现象学对其他领域也产生了很大影响。举个例子，胡塞尔的生活世界理念，即日常生活的想当然世界，在社会科学界引起了广泛关注。社会学家阿尔弗雷德·舒茨在学术生涯中投入了大量的精力来解释生活世界的结构，认为这些结构既由人类构成，又是其体验的内容。因此，舒茨在《社会世界现象学》一书中指出，我们体验的生活世界（即自然世界），是我们想当然并在追求人生目标与计划过程中所处的世界。因此，人们要想挣脱这个世界的束缚，进入另一个世界，需要经历类似震惊的过程。然而，舒茨认为诸如此类的震惊经常出现在日常生活中。他举了以下例子：入睡后，人会过渡到梦境，这是一种震惊；克尔恺郭尔的“一跃”进入宗教世界，剧院的幕布升起时产生的转变等也是震惊。

胡塞尔是否是重要的哲学家，很难得出确切的结论。虽然现象学已经过了最佳发展期，但是他仍然是大陆传统哲学领域的重要人物。此外，大量分析哲学家，尤其是研究心理哲学的那些人，已经开始认真对待他的作品了。但是，他很有可能永远都只是名人万神殿里的边缘人物，原因如下：首先是他的创作风格，公平地说，他的创作风格有些差，这无疑妨碍了世人对他作品的深入理解；其次，他并没能完成自己制定的哲学任务；最后，他为一切人类知识打下坚实基础的目标最终也没能实现。

胡塞尔生命的最后几年经历了很多变故，而且日子过得很艰难。纳粹主义的出现导致他被禁止进入弗莱堡大学图书馆。而他在弗莱堡大学一直任教到 1928 年。此外，纳粹主义还导致他遭到了德国学术界的排挤。尽管如此，他仍然继续工作，每天和朋友（也是他的助理研究员）尤金·芬克一起散步，也有一些哲学同事来拜访他。他还接到不少去国外开讲座的邀请。这些成为他那些年的生活支撑。1937 年，他生病了。到了 1938 年初，种种迹象表明他时日不长了。但是，他一直坚持研究哲学，直到去世。临终前，他拒绝接受精神辅导，称自己一辈子都是哲学家，希望也能像哲学家一样离开人世。

主要著作

《逻辑研究》（1900—1901）

这本书包括两卷：第一卷对逻辑学研究中的唯心理论进行了批判；第二卷主要分析现象学方法的关键要素。通常，人们认为胡塞尔是现象学领域开展这些研究的领军人物。

《纯粹现象学与现象学哲学的观念》（共 3 卷，1913）

这本书对现象学重要主题进行了深刻阐述。它介绍或者发展了与胡塞尔哲学方法相关的很多重要概念，包括意向性、先验还原、意向对象、意向活动以及原质。

《形式与先验的逻辑》（1929）

题目已经表明，这本书主要探讨形式逻辑学的现象学基础。和《纯粹现象学与现象学哲学的观念》一样，如果不熟悉胡塞尔的思想，就很难读懂这本书。

《笛卡儿式的沉思》（1931）

这或许要算胡塞尔晚期作品中最好理解的一本著作了。这本书对胡塞尔 1929 年在索邦大学所做的一系列讲座进行了重构与阐述。其主要关注自我现象学，以及主体间性的基础构成过程。

《欧洲科学的危机与先验现象学》（1936）

这本书一改胡塞尔早期著作对抽象概念的关注，转而探讨生活世界。它是胡塞尔最具影响力的一部著作，尤其在将现象学扩展至社会科学领域方面起到了重要作用。

第九章　杜威与价值哲学

——胡适、陶行知、张伯苓、蒋梦麟等都曾是杜威的学生。

约翰·杜威(1859—1952)是心理学家、先进的教育改革家，也是20世纪美国最具影响力的哲学家。他和皮尔斯、詹姆斯都属于哲学实用主义流派学者。

杜威（1859—1952）

1859年10月20日，约翰·杜威出生在美国佛蒙特州柏林顿。他是阿奇博尔德·杜威和鲁西娜·里奇四个儿子中的第三个。他小时候家境很不错。父亲是杂货商,全家人的日子过得相对舒适，然而父亲并没有为了孩子积极进取，不过他非常喜欢莎士比亚和弥尔顿，经常给儿子们诵读伯恩斯的作品。如果儿子们能成为商人，他就已经很满足了。杜威的母亲比父亲小 20 岁，二人的性格完全不同。母亲比较热情、上进，也正是在她的强烈要求下，三个幸存的儿子（最大的儿子夭折了）才得以在佛蒙特大学接受大学教育。

杜威正是在大学期间才首次萌发了对学术研究的兴趣。也正是在这期间，他开始接触进化论思想，他所学的课程影响了他一生。在近代社会，物种与生物体被看作是不可变的完美实体——仁慈上帝的作品。杜威的理论击败了这一思想。他指出，自然世界其实是处于不断发展、变化中的，生物体与物种在与周围环境相互作用的过程中也在不断变化。迭代变化思想成为杜威人性思想的核心内容。

1932 年，杜威（中间）在独立政治行动联盟大会上支持美国政界成立第三党——自由党。

他否认人类具有根本本质，也不认为这一本质涵盖了生活目标，以及实现这些目标的方式。相反，他指出，人类是在与周围环境方方面面相互作用的过程中成长起来的。人完全是生活实践的产物。

杜威并非只在进化论思想领域认识到了科学思维方式的重要性。他研究生毕业于约翰·霍普金斯大学，在那里接触到了享有国际声誉的实验心理学家斯坦利·霍尔。杜威对科学方法的印象颇为深刻。他在早期作品中曾努力调和科学方法与黑格尔唯心主义之间的关系，结果并没能成功。到了19世纪90年代早期，他在芝加哥大学任教后，便放弃了唯心主义，转而信奉经验与工具哲学，并在随后的60年间一如既往地支持该理论。

调查理论

经验与工具哲学的核心是调查理论。该理论旨在说明思想是如何在人们与外界环境的相互作用中出现的，以及真实看法——或者合理断言的衡量是如何促进人们在实际生活中做出令人满意的回应的。换句话说，这样的信念为行为提供了成功准则。

要想更好地理解杜威的这一思想，首先应该考虑他所谓的“习惯”指的是什么。正如我们已经看到的那样，他并不认为人性是一成不变的。但是，人们的行为方式往往容易预测。这是因为他们在社会化过程中学会了一些社会认可的习惯。他们正是以这种方式才得以在生活中得到认可，他们选择的行为方式能够在具体情况下实现具体目标。

不过，有时候这些习惯也会出问题。人们可以利用的行为与对策并不足以应对一些实际情况，导致他们无法继续向前。正是在这个时候人们产生了质疑，需要进行探究。杜威在《我们如何思维》一书中强调，这种质疑并不属于纯粹认知，也不是持有怀疑论的哲学家的质疑，而是一种主观怀疑：

> 人们面对重大新奇事物或者非同一般的困惑时，一开始很有可能会为之震惊，产生情绪困扰，对意想不到的奇怪、有趣或者令人紧张不安的事物产生模糊印象。在上述情况下，有必要通过观察搞清楚哪里出了问题，或者具体问题是什么。
>
> 为了避免提出临时解决方案，首先需要搞清楚问题出在哪里，接下来需要隔离问题情境的要素，然后应该制定解决难题的大量假说。这个过程需要想象力和创造力，要不受现状的限制："这个过程具有探索性、冒险性……涉及思想的跳跃，至于采取怎样的预防措施，其恰当与否事先无法确定。"（《我们如何思维》）

这一过程的最后几个阶段涉及搞清楚各种假说的内涵，然后是非常关键的一步，即用实践来检验它们：

> 推理告诉我们，无论采用哪种想法，都会产生相应的后果。迄今为止得出的结论都是假设的、有条件的。如果我们能够找到该理论成立需要满足的所有条件，以及其他可替代理论所缺

乏的特征，就会顺理成章地相信并接受该理论。（《我们如何思维》）

这一过程涉及将新的想法整合入习惯框架中，而这些习惯使得人们能够按照实际生活中的事件行事。真理就是有用的东西。笛卡儿等人认为最根本的认识论问题是搞清楚我们怎样才能知道内心的想法和认知与外界相一致。在杜威看来，这种想法是错的。重要的是想法能否为我们提供行为准则，帮助我们更好地与外界互动。

关于真实看法，或者用杜威的术语称其为“合理断言”，易谬主义认识论是一个很重要的观点。和皮尔斯一样，杜威也专门研究易谬主义认识论。想法经一群可靠的调研人员证实后就成了知识。不过，证明程度不同。所有想法都需要修正，尤其是出现各种问题时，寻找解决办法的行为也会改变问题本身。

杜威将调查理论延伸至道德领域。他否认存在毫无污点的人的本质，而且认为并不存在绝对的道德标准（不管这些标准是否是由宗教或哲学权威世代流传下来的），没有任何道德标准在不断变化的实际情况下永远是对的。道德行为的目标并不是遵从特定的行为准则（这样只能限制人的潜力发挥），而是在面对不同情况时努力构建它，从而为获得人类成就提供最佳机会。

价值判断

可以从价值判断的工作原理入手来说明这一问题。杜威认为，价值判断属于时机判断，可以引导我们做出赋予事物价值的行为。当我们赋予事物价值的日常行为受到问题情境的干扰时，价值判断就会发挥作用。举个例子，我发现如果深夜喝了咖啡就很难入睡。价值判断的重点——我应该在深夜喝一些热牛奶——在于引导人们选择新的、必要的行为方式，从而解决问题情境。因此，价值判断这一工具有助于我们过上更美好的生活。

只有养成类似上述的调查习惯，帮助我们发现新事物，才有可能进行道德推理。价值判断是否合适，应该看看它是否有效。也就是说，它是否能够实现我们假定的重要结果。具体来说，我睡前喝热牛奶比喝咖啡更有助于睡眠吗？正如我们对外界事物的判断一样，价值判断也需要经验证实，而且面对不断变化的环境也需要调整。

为了根据杜威的调查理论实现科学与道德推理，需要进行灵活而复杂的思考。杜威明确提出了人们应该怎样受教育的方式。他尤其指出，教育不应该过分强调说教。教育理念不单单是为了向学生传授知识，让他们被动接受。相反，恰当的教育是为了鼓励学生进行积极、互动的学习，从而激发他们对于新知识的想象力。这样一来，人们就能够获得所需的技能与习惯，并作为民主参与原则下的社区成员快乐地发挥作用。

杜威 1930 年正式退休，但此后仍然在哥伦比亚大学担任名誉教授。他 1904 年就开始在哥伦比亚大学任教，一直待到 1939 年。当时，他已经是美国哲学界的杰出人物了。即便他不再教学了，也并没有结束哲学与公共活动。最引人注目的是，他当时还担任调查委员会主席，负责调查列夫·托洛茨基在20世纪30年代中期莫斯科公审中被冠以的罪名。调查最终有利于托洛茨基，而将罪证指向了斯大林。

1952年，杜威离开了人世，享年92岁。当时，实用主义越来越不受哲学专业人士重视。不过，杜威在哲学界的重要地位则毋庸置疑。他对西方哲学经典传统的批判至今看来都非常中肯。他在自由、进步思想界影响深远。此外，如今世人又恢复了对他的兴趣。这一点尤其反映在一些人的作品中，比如理查德·罗蒂和尤尔根·哈贝马斯。

主要著作

《我们如何思维》（1910）

这部早期著作概括了杜威的调查理论。它指出，看法究竟被采用还是被摒弃，主要取决于它们是否有用，是否能够帮助人们应对生活中的实际情况。

《民主主义与教育》（1916）

这本书系统地阐述了杜威的教育观，强调了主动、协作学习的重要性，同时否定仅仅把教育看作履行公民与经济职责的准备工作。书中还有趣地介绍了杜威更为普遍的哲学观念。

《人性与行为》（1922）

这本书旨在基于对人性的研究构建道德理论。虽然这样不能解决所有道德问题，但是它主张这样做能够以特定的方式考虑问题，从而有助于解决它。

《公众及其问题》（1927）

这本书旨在维护参与性民主制度的理想，批判一些评论家的看法。他们声称现代社会的性质最不利于严格的民主主义。

《逻辑：探究的理论》（1938）

这本书主要介绍了杜威的实用主义，以及支撑它的调查理论。

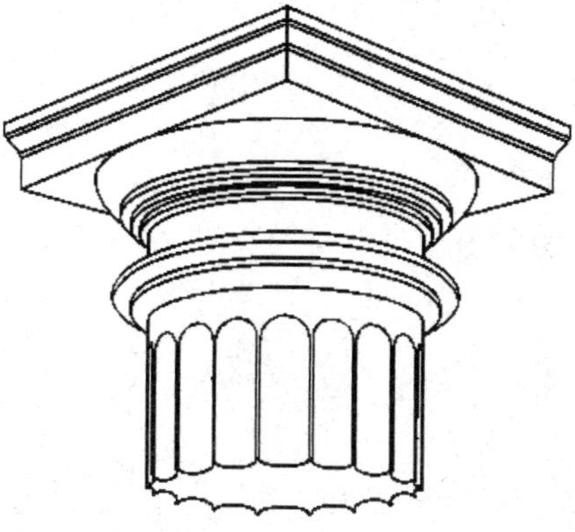

PART 6

变 革

20 世纪的多元化发展

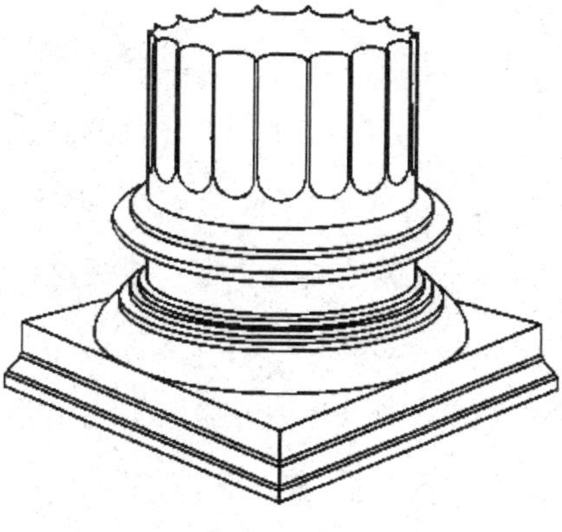

第一章　罗素与分析哲学

——罗素是1950年诺贝尔文学奖得主，《西方哲学史》的作者。

伯特兰·罗素（1872—1970）通常被称为“分析哲学的创始人”之一。他或许是现代英国最著名、最具争议的哲学评论家。

回顾伯特兰·罗素，也就是第三代罗素伯爵的一生，会有些累人。他一辈子似乎做了太多事情，而且寿命也非常长。他或许比20世纪头几十年任何人付出的努力都要多，才使得哲学步入了逻辑分析的阶段，而且一直延续至今。逻辑分析思想为他提供了一种方法，他借助这一方法得出了数学、形而上学、认识论等哲学领域的重大结论。毫无疑问，罗素是一位了不起的数学家。据资料记载，他的集合论见解对计算的发展产生了很大影响。

或许你会因此得出结论，认为罗素只不过是台蓬头垢面、无精打采、脱离了实际的计算机器，但是这样想就大错特错了。他不但长相英俊、善于社交，而且是一位出色的文体学家。1950年，他赢得了诺贝尔文学奖——他的许多作品，尤其是《西方哲学史》和《哲学问题》，不但内容严谨，而且读起来朗朗上口，这实属难得。他还是一位公众人物，曾经支持过民权运动，也对战争与核武器提出了抗议，并因此坐了一段时间牢。他的私生活有一些灰暗，或许还略有瑕疵。

罗素（1872—1970）

罗素出生在威尔士蒙茅斯郡的特里莱赫，父亲是第一代罗素伯爵最大的儿子安伯利勋爵，母亲是第二代斯坦利·爱得利男爵的女儿。罗素 4 岁时，父母双亡。这一遭遇极为悲惨，因为他后来是由严格的一神论派的祖母抚养长大，而且罗素的性格决定了他原本能和父母相处得非常愉快。他一直到 18 岁才对父母有所了解。他在《我的宗教回忆》一文的第一句话中毫不掩饰内心的自豪。他写道，父母“在当时那个年代非常了不起，因为他们提出了先进的政治、神学以及道德思想”。这一发现让他欣喜万分。

举个例子，安伯利勋爵因为被发现支持节育手段而失去了国会议席。安伯利夫人则因为公开维护妇女的选举权而惹怒了维多利亚女王。据说，女王当时大怒，称：“我真想抽打凯特·安伯利几下。”安伯利夫妇一直都非常敬仰边沁和穆勒，而且后来还和穆勒成为朋友，原本想请穆勒当罗素的教父。由于父母早逝，人们不禁会想，假如罗素没有过早地失去双亲，会变成什么样的哲学家。想必年幼的罗素必将接受穆勒的教导。

罗素曾经在剑桥大学三一学院学习数学，后来又转学哲学。他被三一学院任命为讲师，但是由于他公开反对“一战”，因此遭到了解雇，最终还被判刑入狱。后来，他恢复了原职，但是最后还是辞职离开了三一学院，靠写作为生。他一生在政治上都非常活跃，一直到 90 多岁高龄。他曾经参与反对美国卷入越南战争，还公开拥护过废除核武器运动。

罗素一生经历了几次混乱的婚姻与悲伤的爱情，这表明他在处理私生活问题上不能像做学术那样具有敏锐的思维能力。据说，他情商欠佳，这与他参加公共活动时偶尔表现出来的热情并不相符。一些传记作者认为，低情商是了解罗素个性的重要解释性原则。但是，究竟该怎样理解这方面的问题目前尚无定论。

反对唯心主义

罗素到了上三一学院的法定年龄时，布拉德雷当时正在宣扬康德和黑格尔充满变化的唯心主义思想，这也是英国哲学界从经验主义转向唯心主义的最后阶段。布拉德雷在《现象与实在》中对康德的表象意识与外界本来面目之间的区别进行了修饰。康德区分的主要是时空下各个对象之间的因果关系与外界现实。布拉德雷认为这和黑格尔提出的绝对事物类似。绝对事物是一种宇宙体验，人类在其中是渺小的自我意识部分，由此可以推断出一些奇怪的原则。比如，相互之间存在因果关系的独立事物（熏肉三明治在盘子里）这一观点并不合逻辑。现实本身是统一的，而不同对象的表象，以及它们之间的关系，则是虚幻的。从这一观点来看，关于细节的“真理”只能是部分的。

罗素和摩尔一道，发起了反对英国唯心主义的运动。摩尔提出的观点主要源自常识与日常语言，而罗素的论点则基于逻辑学和数学，即所谓的“逻辑分析法”。他极大地扩展了逻辑学的范围，并与怀特海合著了不朽的《数学原理》一书，指出可以以更加严格、启发性的逻辑形式重新表述主张。这样做有时候有助于发现日常交谈与哲学探讨中的错误，比如含糊、模棱两可，或者其他困惑。除了表明这一观点，罗素这样做也是对唯心主义者的直接回应。他希望能够让具体事物、它们的特征与关系实现逻辑清晰，同时指出了唯心主义观点存在的混乱。他得出的结论给唯心主义带来了毁灭性打击，导致唯心主义在讲英语的国家和地区被扼杀掉了。同时，也让逻辑分析成为20世纪哲学思维的核心。

虽然罗素一生中多次改变立场（对此他并没有致歉，而是称思想僵化远比哲学学说的偶尔修正更糟糕），但是他采用了同一种方法来解决大部分哲学问题。这种方法或许要比他给出的解决问题的答案更重要。他在下面这段话中阐述了自己对此的看法：

> 根据我的经验，哲学研究始于内心切切实实的好奇与不满足，但是这样的心理又难以言表。长期关注它的结果就好比眼看着某个物体穿过浓雾向我们走来……我认为，反对分析的那些人肯定希望我们满足于一开始的模糊状态。

虽说我们认为罗素的研究方法具有很高的价值，但他的思想也同等重要。他的思想无疑对数学、认识论以及形而上学哲学思想具有重要影响。

外界问题

关于人类是如何认识外界事物性质的，罗素是这样回答的。他首先对感性经验进行了反思。我们能看到屋里的桌子、椅子和书，但是进一步检查后会发现，我们事实上并没有看到原本以为看到的东西。举个例子，我们以为桌子是棕色的，很可能桌子周身都是棕色。但是，由于桌子的不同部位会产生不同的反光效果，因此如果看的人转动脑袋，就会发现反光的部分会随之旋转。桌子的外观形状也会改变——从上面看它是圆的，从侧面看它又是椭圆的。将其他人的观点考虑进来会导致问题进一步复杂化。那么，我们说自己看到桌子时，看到的究竟是什么呢？实际的桌子是什么呢？“如果真的存在，那么实物桌子和人们通过视觉、触觉或听觉感受到的桌子并不完全一样。我们并不是马上就能了解桌子，而是根据对它的了解所做的推断。”

罗素将不断改变的表象称为“感觉材料”。人们即刻了解并直接接触的正是感觉材料，而且很有可能我们对感觉材料的认识是错的。我们需要在感觉材料与实物之间建立关联。罗素在此承认，把物体看作物质的做法站不住脚，需要对物体产生新认识，认为它们是感觉材料构成或推断得到的逻辑结构。罗素不止一次指出（罗素的描述总是随着时间在变化），物体是各种看法的集合。重要的是，要注意到他这里指的是完全不同的事物，并非根据感觉材料推断其存在的物体（从一般意义上来说）。相反，他认为物体本身就是由逻辑构成，而不是产生感觉材料的外界物质，至少从简单意义上来说不是这样。

对于上述观点，你可能会觉得莫名其妙，会质疑这些观点是基于什么样的角度成立的。在这种疑虑中，你可能犯了语法错误，需要擅长逻辑学的人来为你解答。你也有可能会认为，罗素的认识充其量属于推理实在论思想，认为外界事物的存在（包括逻辑构造的事物），多多少少都源自感觉材料的推断。如果这样解释是对的，可以采取同样的方式反对其他人的以下说法：这种说法似乎可以令桌子变成无形的，而这样想显然是错的。

罗素是一位非常热情、坚定的哲学家。图为反核武器运动期间，他在特拉法加广场公开演讲。

关于罗素的观点与方法，还有

另一种更普遍的反对意见，也是他自己提出的反对意见。这一切似乎都使得哲学成为科学或逻辑学的分支，剥夺了哲学最具魅力的方面，即哲学反思过程中的自由推理或者趣味性。将哲学问题还原为复杂、枯燥的逻辑或数学问题导致世界变得很无聊。如果真是如此，罗素说：

> 那就不是我的错了，因此我认为并不是自己造成世界的枯燥、无味。我还想说的是，对于那些喜爱数学以及符号构式的人，枯燥的世界也很有趣。如果你发现世界对你没什么吸引力了，那么只需要试着对数学感兴趣，这样就会发现世界很是称心如意……

自罗素之后，很多哲学家都采纳了这条建议，更有甚者将哲学反思的范围限定得非常窄，远远超过了罗素所建议的范围。尽管如此，罗素在作品中对逻辑学的强调，使得如今的哲学世界让他很满意。

主要著作

《数学原理》（与怀特海合著）（1910—1913）

这本书篇幅巨大，共三卷，对罗素的数学理论进行了阐述。其中包含了他提出的重要类型说，以及对逻辑主义的维护。他认为数学是逻辑学的一部分。

《哲学问题》（1912）

这本薄薄的小册子至今仍然是哲学界非常受欢迎的介绍性图书之一。它对哲学进行了全面阐述，表意清晰，很容易理解。

《西方哲学史》（1945）

这或许要算罗素最著名的著作了。书的内容处理巧妙，清楚地阐述了西方哲学的全部内容。

《伯特兰·罗素：逻辑学与知识》（1965）

这本书是罗素最重要的散文集。其中包含了《逻辑原子主义哲学讲义》。他认为世界是由逻辑原子构成的——包括转瞬即逝的色块、声音片段、判断、关系以及这些原子构成的事实。

第二章　维特根斯坦与语言学派

——把现代哲学方法“推进到决定性转折”之人。

很多人认为路德维希·维特根斯坦（1889—1951）是20世纪最重要的哲学家。而他最著名的动作则是举着扑克牌冲哲学家卡尔·波普尔挥手，这似乎有些讽刺。

这件事发生在1946年10月剑桥道德科学俱乐部的一次会议上。关于会上发生了什么，众说纷纭，不过重点是，其他人正在激烈地讨论道德规范的有效性时，维特根斯坦拿起一张扑克牌，挥手示意想发表看法，接着便突然离开了会场。据说，波普尔后来把维特根斯坦的做法作为道德准则的例子来说明，指出任何人都不应该用扑克牌要挟客座讲师。

正如上述故事中表明的，维特根斯坦非常强势，他的传记作家也一致这样认为。1889年4月20日，他出生在维也纳，是家里最小的孩子。母亲是莱奥波迪内，父亲卡尔·维特根斯坦非常富有，是成功的奥地利实业家，在维也纳社会上地位显赫。维特根斯坦家是优秀文化的聚集地，勃拉姆斯和马勒经常来访。维特根斯坦年幼时，母亲便鼓励他培养音乐兴趣。

维特根斯坦（1889—1951）

不过，维特根斯坦接受的正规教育并不正统。他一直到 14 岁才开始上学，而且学习成绩也不好。大家都以为他会成为父亲一样的工程师——他确实表现出了这方面的天赋，因此，他没能如愿去大学学习物理学，而是去学习了工程学。一开始在柏林，后来去了曼彻斯特。他正是在曼彻斯特时开始对哲学产生了兴趣。他曾经读过伯特兰·罗素与怀特海合著的《数学原理》，而且印象非常深刻。维特根斯坦和弗雷格经常通信，在弗雷格的建议下，他于 1912 年去剑桥师从罗素学习。

意义图像论

维特根斯坦很显然是一位出色的思想家，但是他在剑桥只待了很短的时间，随后便去各地旅游。然而，1914 年，“一战”爆发后，他的旅行计划被打断了，随即参了军，成为奥地利士兵，主要服务于东部前线。在这期间，他专心创作了一本书，后来成为他第一部伟大著作《逻辑哲学论》。

1922年，在罗素的帮助下，《逻辑哲学论》得以出版。这本书篇幅短小，只有70页，但是维特根斯坦有一阵子竟然认为这本书解决了所有的哲学问题。它提出了意义图像论，指出外界是由一系列原子事实构成的。命题，例如猫是黑色的，是真实或可能真实的逻辑图像。换句话说，命题代表了外界的可能事态。如果某一命题所描述的事态符合外界情况，那么这个命题就是真的。因此，维特根斯坦认为语言的内在逻辑结构反映了外界的逻辑结构。

可以说，要想清楚地了解维特根斯坦的观点，就需要扎实地了解弗雷格、罗素以及怀特海等人关于语言与逻辑方面的著作。不过，《逻辑哲学论》中阐述的维特根斯坦的观点有一点非常有趣。他认为语言决定了事物的表达是否清楚："能讨论的内容可以说得很清楚，不能讨论的内容就应该保持沉默。"

此外，语言还标志着思想界限。因此，如果很难清楚地表述某件事，在考虑这件事时就很容易胡说八道。这一观点之所以重要，是因为它让维特根斯坦认为，哲学属于高度受限的尝试。它主要涉及控制语言界限，确保我们不会把胡说八道误以为是意义。维特根斯坦在《逻辑哲学论》结尾有个著名的说法："我提出的观点应该这样解释：了解我的人最终都会发现那些观点非常荒谬。"

无论是否荒谬，维特根斯坦都因为《逻辑哲学论》的出版曾经一度放弃了哲学研究。他突然去了奥地利，并在那里找了份教书的工作。这一尝试并不成功。人们指责他的教学实践相当暴力——据说他有一次还虐待了女学生（虽然相关报道并没有提到他用了扑克牌）。最后，他放弃了教书，去修道院做园丁。碰巧那时，发生了一件有趣的事。维特根斯坦开始有机会接触维也纳学派的一些哲学家，尤其是和莫里茨·石里克经常交谈。渐渐地，他认识到或许《逻辑哲学论》并没有解决掉所有的哲学问题。

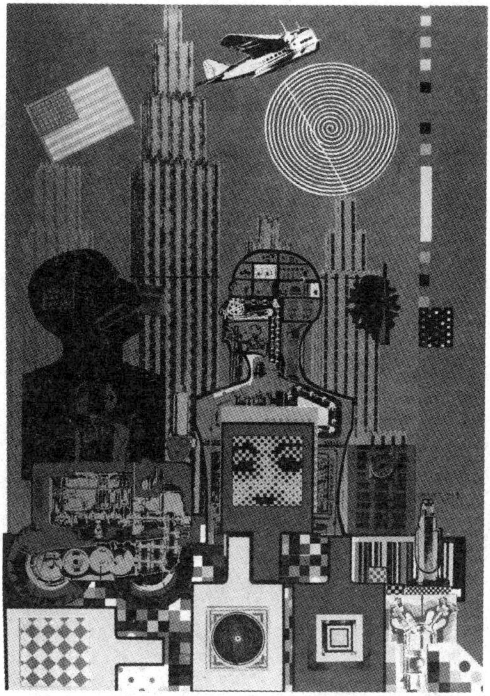

维特根斯坦在纽约。基于维特根斯坦实际生活的一系列版画和爱德华多·包洛奇的作品。

对哲学的重新考虑引发了维特根斯坦哲学生涯的第二阶段。他在这期间提出的观点在许多方面都和他早期的哲学思想完全不一致。尤其值得注意的是，他开始认识到自己的有些认识从根本上说是错的，比如他之前认为语言属于确定系统，其中的简单命题代表外界事态。相反，语言具有多面性，与上下文相关，它可以用来完成很多不同的事情。举个例子，除非了解上下文，否则很难说出“我也爱你”这句话的含义。面对侮辱说出这句话，和温情时刻跟爱人说这句话，含义完全不同。意义与语言使用者的行为，以及言语行为的背景密切相关。

哲学研究

维特根斯坦在去世后出版的《哲学研究》一书中重点阐述了关于语言与意义的新见解。他在书中指出，语言从它的使用方式中获取含义："根据我们使用'意义'这个词的大量实例（尽管不是全部实例）可以给出如下定义：词义取决于词在语言中的使用。"

和这一观点有关的是语言游戏论——文字使用的方式与上下文取决于正在进行的"游戏"。语言游戏论强调，语言与具体活动，或者与具体的"生活形式"相关。维特根斯坦举了如下例子：发出并服从指令，报道事件，猜测事件，合计假设，讲笑话，骂人和讲故事。《哲学研究》中的大部分内容都与标明各种语言游戏内部或之间的区别相关。

私有语言

或许《哲学研究》一书中最受热议的部分，是维特根斯坦极力反对私有语言存在的可能性。他没有按照前提、推理以及结论三段论的规范方式提出论点。相反，为了保持整本书的创作风格，他用一系列简短语句提出了论点，而没有展开论述它们的意义与内涵。因此，关于私有语言的论据有很多不同的解释，而以下解释只不过是其中之一。

维特根斯坦提出"人们是否可以借某种语言的书面形式表达内心的体验——包括'感受、心情等'，而'这种语言的单个字用来指代唯有说话的人知道的信息……而其他人则不明白这种语言。’”

在考虑这种可能性时，他假设有人每次体验到某种感觉后在日记本里写下“S”。这样似乎就有实例证实“S”具有专用含义。每次而且只有当这种感觉出现时，符号“S”就会在想法或写作中重现，从而让“S”和感觉之间建立起永久联系，因此该符号就具有了一定意义。

不过，维特根斯坦发现这一说法存在一定问题。我们无法得知能否在符号“S”和这种感觉之间建立起永久的联系，使得将来在使用该符号时，能够非常肯定我们的用法是正确的。换句话说，在私有语言中，记住符号的正确运用和相信自己记住了正确用法之间并没有明显区别。由此可知，该符号缺乏意义，没有任何证据能够表明它的用法是正确的。因此，不可能存在指代某种感觉的私有语言，文字是在公共语境的使用中获得含义的。

虽然维特根斯坦在后期作品中否认他在《逻辑哲学论》中提出的观点，但是如果认为他早期和晚期作品的观点总是不一致就错了——他对哲学性质的认识从头到尾都是一致的。维特根斯坦认为，哲学的任务就是揭示并分析语言迷惑人们的各种方式。他在《哲学研究》中指出，哲学是“借助语言手段防止人类被蛊惑”。

维特根斯坦是伟大也是非常有趣的哲学家之一。当然，他的作品也相当具有影响力。“二战”后，他的作品直接促进了“日常语言哲学”的出现。他的有趣之处还在于和哲学作品不直接相关的一些方面。比如，他非常具有人格魅力。作为老师，他的要求非常高，而且充满激情。很多人在三一学院参加过他主持的研讨会后，就无法再接受其他任何形式的哲学观点了。他的独特之处还在于，他并不是学者，对哲学界的基础文献知之甚少。但是，他却完成了两部重要的作品集，从而足以奠定他的伟大哲学家地位。因此，难怪伯特兰·罗素会认为维特根斯坦是当时那个年代最伟大的知识分子。

主要著作

《逻辑哲学论》（1922）

这是维特根斯坦早期的重要著作，也是20世纪一部哲学经典。这本书概括了意义的图像论。根据这一理论，有意义的命题代表外界的某种事态。这部著作篇幅短小（只有两万字），但是影响巨大。它的创作受到了弗雷格、罗素和怀特海作品的启发。

《哲学研究》（1953）

这是维特根斯坦晚期最重要的著作，它系统地阐述了维特根斯坦后来对语言与含义的认识。书中对“语言游戏”和“生命形式”等概念进行了分析，并指出，文字是从使用规则中获取含义的。

《蓝皮书》和《褐皮书》（1958）

虽然这两本书都是在维特根斯坦去世后才出版的，但是它们创作于20世纪30年代中期。维特根斯坦向学生口述了其中的内容，它们也是对他晚期思想的重要介绍。

《论确定性》（1969）

这是维特根斯坦在人生最后几年创作的认识论作品集——关于知识与确定性。书中的内容主要来源于他的笔记本。

第三章　海德格尔与存在问题

——个体就是世界的存在。

20 世纪的德国哲学家最喜欢解决重大问题，包括上帝、时间、存在等。马丁·海德格尔（1889—1976）就是其中比较成功的一位。

谬论即错误的推理。或许最普通的谬论要数人身攻击的谬论了。人身攻击不是针对某个人的论据的真实性或者推理的水准，而是针对人本身。毋庸置疑，十足的恶棍也能提出有理的论证，暴徒也能说出一些真理。指明某人是恶棍并不会降低他所得出结论的真实性。在思考哲学问题时，请牢牢记住马丁·海德格尔提出的这一“名学浅说”，因为有些人会发现做到这一点并不容易。

海德格尔出生在德国黑森林地区的一个小村庄。弗里德里希·海德格尔和约翰娜·海德格尔共有两个儿子， 他是大儿子。他内心充满了宗教冲动，曾试图加入耶稣会，却因为身体欠佳遭到了拒绝。

他在弗莱堡大学学习了神学、物理、数学和哲学，并在那里受到了胡塞尔作品的影响。他的学业因为“一战”而中断过，他还服过短暂的兵役。尽管他在部队晋升迅速，但是不到一年时间，他就被要求退伍了，原因同样是身体欠佳。他的博士毕业论文研究的是心理学与哲学之间的关系。后来，他在弗莱堡大学担任哲学讲师，收入可观。

海德格尔（1889—1976）

胡塞尔在弗莱堡大学任教后，海德格尔成为他的门徒。后来，海德格尔偏离了胡塞尔的认识论与方法，开始提出自己的主张。其成果是完成了一部著作《存在与时间》。这本书相当成功，胡塞尔退休后，海德格尔便得到机会就职于弗莱堡大学。1933 年，他成为弗莱堡大学校长。

他还加入了国家社会主义党，并参加了宣扬社会党专权的纳粹集会。海德格尔在题为“德国大学的自我主张”的就职演说中，提及了人的精神使命、德国的真正命运，以及新任大学校长带领学生与教职工赞颂德国人民时所起的作用。他在后来的演说中告诉学生，“元首代表着德国的现在与未来，以及它的法律”。他还向权威人士透露，认为有几个学生与教职工的想法不对。

“二战”结束后，弗莱堡去纳粹化委员会发现海德格尔在纳粹党地位显赫，而且还曾煽动学生反对过一些同事。因此，他被免了职，领取了抚恤金，一直到 1951 年才恢复任教。海德格尔还在救济院待过一段时间。最后，他成为弗莱堡大学的名誉教授，却再也没有在德国教过书。尽管一些重要的朋友，包括赫伯特·马尔库塞，曾极力要求他做些什么来补救，但海德格尔从来没有公开谈论过自己战时的行为，也没有因此致歉。

存在问题

《存在与时间》是一部与众不同的原创著作，主要关注海德格尔所谓的“存在问题”。海德格尔认为，哲学与日常思维往往会掩盖存在事物的实质。他的任务就是为了恰当揭露并重新审视存在。他认为苏格拉底以前的哲学家往往能够真正接触到存在，对存在也产生了正确认识，而自苏格拉底那时起，哲学界却掩盖了这一点。他付出的努力一方面就是为了揭露这一古老认识。存在问题最主要的是概念问题，有关存在的误导性谈论证明了这一点。要想解决这一问题，需要用到新词语，而有些人认为这些新词语属于反启蒙主义。或许有必要在这里澄清一下事实。如果说海德格尔是对的——我们的日常用语会影响人们对他研究主题的实际掌握，那么他除了杜撰新词，或者旧词新用，还能做些什么呢？

其中一个词是“dasein”，被解释为“每个人的实体”“存在于世”。这一术语单独使用是为了避免出现问题，误以为我们之外不存在其他人。海德格尔似乎认为，要想理解存在的本质，需要思考某种存在，也就是我们。对于我们而言，“存在是什么”这个问题非常重要，或者至少是其本质的构成部分。

由于对人性的哲学误解大量存在，因此海德格尔说：“要想获得截然不同的认识，必须将所有传统的、具体化的灵魂、主体、人、自我或者心理与精神病理意识的表征全部摒弃掉。人类存在基本体系的新认识可以称为‘存在于世’。”

人是什么

笛卡儿把人解释为两种不同物质的紧密结合，一种是精神，另一种是身体。我们认为外界是物质世界，那么又该如何处理人的精神呢？如果认为人的一部分是身体的，就好比外界事物一样，另一部分是精神的，即不同于外界事物的、有思想的事物，那么人在外界的重要地位就会变得模糊。尤其是，人存在于世的本性，与外界密切相关的事物就会遭到忽视。笛卡儿的观点导致人与物质现实分离了。

因此，重点在于将存在于世的重要特征剥离出来，在考虑人与外界关系的基础上重建人的概念。海德格尔认为上述特征有三：真实性、存在性和沉沦性。

存在于世的特征

从某种意义上说，存在于世已经存在。海德格尔将之称为“真实性”的人类境况在于，人降临到世界上之后，就像经历灾难后沦落到救生筏上一样被遗弃在此，并成为现有世间百态的一部分。人们很可能会在此生突然醒悟过来，意识到自己之所以有此人生是出于一些过往的现实，或者无法控制的决定。这就是存在于世的真实性，其主要特征是，存在于世的过往构成了它的现状。尽管存在于世在一定程度上取决于过去，未来也具有一定的作用。存在于世并非只是由固定的过往构成的，同时也是由开放的未来以及伴随而来的责任构成的。这就是存在于世的存在性，它与真实性相反，不是强调回到过去，而是走向未来。

如果真实自我一方面在于认清过去的决定性因素与未来的各种可能，那么存在于世的第三个特征沉沦性指出了人类忽略过去与未来的能力。存在于世作为外界的存在，会陷入对当下的世俗关注中。过去与未来会缩减到现在的消失点。人类很容易忽略大部分本性、过往和未来，并埋头于日常工作中。这就是人性。人们确实是用咖啡勺来衡量生活的。

迄今为止，有一点需要明确，即存在于世的性质表明，存在的性质有赖于时间。认识到这一点是海德格尔对存在问题的部分解答。他写道："时间性使每一次心醉神迷都受到时间的限制。举个例子，时间性的心醉神迷统一体以存在性、真实性与沉沦性的复杂结构为基础，这三大特征构成了所关注结构的整体。"

一些人或许认为语言文字没什么用，但问题是，要想搞清楚存在的真正性质，就需要通过留存的信息认真审视整个人类时间。我们不能仅仅关注当下。除了拥有过去和现在，人类时间本质上是一个有限度的时间。存在于世的真实含义在于认清过去的决定因素与现在关注的问题，同时也在于或者面对未来的种种可能。尤其要求活着去面对无法逃避的未来可能，即死亡。真实自我将多种时间关系按照过去、现在和有限未来统一起来，并基于它采取行动。

海德格尔无疑对现代思想，尤其是欧洲大陆的哲学思想产生了重大影响。他还影响了萨特以及哲学存在主义运动，尽管他曾经费尽气力想远离哲学存在主义。目前，对解构主义的关注，尤其是雅克·德里达和一些女权主义哲学家的解构主义研究，以及文艺评论形式，都应归功于海德格尔。马克思主义者与几乎各种社会评论家都能从海德格尔身上学到方方面面的东西。海德格尔暂停教学后创作了大量作品，大部分仍然有待出版或翻译为英文。考虑到这一点，可以说海德格尔在哲学史上的真正重要地位仍然有待发掘。

主要著作

《存在与时间》（1927）

这是海德格尔最富感染力的著作，也是他首部重大学术著作。这本书让他获得了马尔堡大学全额奖学金。书中对人性以及其与时间的重要关联进行了长篇、专业的分析。书中引入了存在于世，即“自在存在”的概念，并尝试发掘这一存在的本质。

第四章　卡尔·波普尔与科学哲学

——一个人的一生，有时可以告诉人们整个世纪的历史。

卡尔·波普尔（1902—1994）当属20世纪最具影响力的科学哲学家，也是重要的马克思主义评论家。不过，他的声望仍然没有定论。

理性的人不认同波普尔的重要之处，以及他在哲学史上的实际地位，而他的支持者则举办颇受欢迎的波普尔会议，认为他是20世纪最伟大的哲学家。最响亮的批判者则指出他所谓的“佳作”思想混乱，并嘲笑他晚期就心灵与客观理论发表的一些轻率言辞。头脑冷静的人则不会争论不休，而是认为我们与波普尔生活的时代相隔太近，不如让未来的哲学家决定他的地位。本书赞同最后一拨人的看法。

波普尔在维也纳长大，当时是“一战”结束后不久。时代特征对他产生了重要影响。虽然父亲是名律师，家庭生活富裕，但是波普尔目睹了贫穷与政治的动荡。他深受触动，并决定从事社会工作。

他曾经在一家诊所帮助弗洛伊德学派的阿尔弗雷德·阿德勒给无人照管的幼儿提供治疗。显然，这期间发生的一些事对他后期的哲学思想产生了影响。很有可能也是这段时期的经历让他萌发了论文题目。当然，这也在一定程度上影响了他对科学与心理分析之间区别的认识。

波普尔（1902—1994）

他先是成了社会主义者，后来又成了共产主义者。他的一些学生和参与抗议活动的工人都死在了警察手里，因此波普尔的一些共产主义伙伴认为，他们的死推动了共产主义事业。波普尔对人生价值以及政治行动的目的持有不同看法。这样的经历导致他开始反对共产主义，并最终批判马克思主义。

他从维也纳大学获得了博士学位，论文主题是心理学方法的本质。他还获得了在中学教授数学和物理的教师资质。他在校当老师期间，撰写的论文引发了维也纳学派某些成员的关注——包括哲学家、数学家、物理学家等，这些人对20世纪20至30年代的逻辑实证主义运动起到了巨大的推动作用。波普尔后来也参与了该学派的讨论，其中一些成员后来还帮助他出版了第一部著作《科学发现的逻辑》。这本书受到了广泛阅读。波普尔因此还被邀请去美国和英国的一些大学做讲座。

波普尔的父母都是犹太人，后来改信路德宗教义，希望能够融入维也纳社会，帮助波普尔接受维也纳信仰的洗礼。尽管如此，纳粹仍然把波普尔当作犹太人。他的英国同事费了很大力气才帮助波普尔离开维也纳，并在新西兰克莱斯特彻奇（基督城）大学学院找到了工作，在那里当哲学教师。“二战”期间，波普尔一直在那里教书，同时还完成了两部“战争题材的作品”：《历史决定论的贫困》和《开放社会及其敌人》。“二战”结束后，他又去伦敦政治经济学院教书，并在那里继续维护自己对科学、政治学以及认识论本质的看法。接下来，我们介绍他的一部分科学哲学思想。

归纳推理问题

自休谟以来，哲学家一直在思考归纳问题。归纳推理从大量具体的观察结果出发（根据观察，某类事物的几个具体实例具有某种属性），针对某一类事物得出一般性结论——不管我们是否已经看到了这些事物。因此，归纳推理涉及预测能力。举个例子，那只蜗牛吃生菜，这只也吃，还有这只和这只。因此，可以认为，所有蜗牛都吃生菜。想必出现的下一只蜗牛也吃生菜。归纳推理遵守这样的原则：如果在各种不同条件下观察到大量某类事物个个都具有某种属性，那么所有这类事物都具有这一属性。休谟指出，这一原则无法按照逻辑或经验基础证实，这些基础似乎只能起到辩护作用。

科学哲学令人担心的事实在于，科学似乎是通过归纳推进的。它不仅包括人们对蜗牛的认识，而且包括大量认为合乎情理的知识、科学知识以及基于严格科学实验的知识，二者似乎受到了归纳问题的破坏。如果科学依赖于归纳推理，而归纳缺乏合理的判断，那么科学调查就变得荒谬了吗？如果是这样，如果希望找到治疗癌症的方法，为什么不去咨询占星家，而是咨询科学家呢？或许咨询后者所付费用更少。

波普尔希望解决这两个问题：科学的合理性指的是什么？科学与其他事业的区别在哪里？

根据可证伪性原则，永远都无法证明“所有天鹅都是白的”是真命题。但是，只要出现一只黑天鹅，就能证明该命题是假的。

波普尔指出，科学的合理性在于理论的可证伪性，而非归纳验证，希望借此来回避归纳问题。这一观点基于简明的逻辑不对称。我们已经知道，人们可以观察无穷多只蜗牛，但是即便如此也无法证明所有蜗牛都吃生菜这一一般理论是正确的。不过，只要发现一只蜗牛不吃生菜，就可以作为“蜗牛都吃生菜”这条理论的反证。或许从逻辑上来说，无法通过观察来证明理论的真实性，但是只需要一条负面观察结果，就足以证伪一条理论。

可证伪的假设

波普尔认为科学研究就是初步提出假设或猜想，这些假设或猜想旨在描述部分外界现象，解决一些问题。然后，再努力通过实验证伪这些假设或猜想。并非任何一般认识或理论都是科学的。波普尔基于对科学合理性的认识，指出科学是通过可证伪的假设、观点或者观察可能会破坏的一系列观点发挥作用的。这在一定程度上将科学与其他活动区别了开来。

有些假说显然无法从逻辑学方面来进行证伪，举个例子，任何实验都不能证明“蜗牛要么吃生菜，要么不吃”这一观点是错误的。不过，其他一些非科学假说则更加微妙。假设我提出弗洛伊德的以下观点来让你反驳，他认为对长者的无意识恐慌会激发人的某些特征行为。你可能一时无法反驳，需要找到一些证据。于是，我们就去酒吧观察人际交往现象，发现有名男子在酒吧不敢维护自身的利益。我很容易借他的行为证明我提出的观点是对的：那名男子害怕酒保；他把对方当成了长者，因而害怕他，所以才会不敢找酒保的麻烦。而假如他一拳捶在酒吧的桌子上，希望引起酒保的注意，那么我的理论也很容易套用：那个人想通过显示权威来克服对酒保的恐惧。

重点是，弗洛伊德理论不可证伪，它不具有负面经验推论。因此，波普尔认为，它不属于科学。相反，好的科学在于大胆猜想，这样会影响观察结果的表现形式。波普尔说：

> 我非常开心地承认，像我这样的可证伪主义者更想通过大胆猜想解决有趣的问题，即便（尤其是）很快证明结果是错的，也不愿意去死记硬背一系列无关紧要的真理定论……即便发现猜想是错的，我们也对事实真相获得了很多了解，并会进一步

接近真相。

读到这里，有人或许会起疑心：科学家真的在或者应该想方设法去破坏各种理论吗？很难想象科学家发现与自身偏爱的理论相矛盾的观察结果后会将其公开，尤其考虑到他们需要养家糊口、保持名望。大量反对波普尔的人认为他的科学描述并不正确——或许他没能考虑到科学研究的社会特点。

科学目标

此外，科学也具有实践目标。本着培根的思想，我们希望科学能够改善人类的生活，并成为选择与相信的基础。但是，正如波普尔所说的，如果我们无法得知某个理论是否正确，又怎能知道哪条尚未经过证伪的理论是最好的行动指南呢？波普尔给出的答案有些令人不安：那些成功通过无情考验的理论应该成为行动指南。不过，除非再回到归纳推理上，否则就没有理由认为这是真的。

考虑到现实情况，可能会更糟糕。首先，科学理论不只是描述蜗牛的一些句子，有时候还包括由大量辅助假说支撑的巨大体系。检验情况也依赖于附加理论，尤其是涉及设备正常运作的理论，也就是初始实验条件的确切性质。如果出现了可证伪的结果，就能够在大量理论主张与假设中找到错误之处，同时定位理论的核心内容。如果得不到预期结果，很可能就需要校准检验机器了。

有人认为观察结果的表述本身就渗透着理论。也就是说，所有观察结果都依赖于某种理论，即便是非常低层次的理论。波普尔表示承认这一点，并指出和理论表述一样，观察结果的表述本身也是尝试性的，遵从惯例，同时也需要检验。他写道：

> 客观科学的经验基础一点儿都不“绝对”。科学并不依赖于坚实的地基。可以说其理论结构立于沼泽之上，好比地桩之上的建筑物一样。地桩是从上往下插入沼泽的，但是它们并不具有自然或“既定”地基。

考虑到上述所有因素，那么认为理论可证伪是否言之有理呢？有些人认为是，波普尔在理论研究上并非孤军奋战，而是拥有庞大的支持团队。

主要著作

《科学发现的逻辑》（1935）

这本书提出了证伪主义学说，认为科学不是借助归纳推理，而是对科学理论真实性的演绎论证推进的。本书第二部分主要介绍了一些理论、检验、概率、量子论以及确证的本质。

《开放社会及其敌人》（1945）

这是波普尔关于社会科学哲学的重大著作，分为两卷：第一卷主要围绕柏拉图展开，尤其是他提出的“哲学王”是理想统治者的观点；第二卷主要介绍卡尔·马克思的思想，重点解释极权主义的出现，以及应该采取的应对措施。

《猜想与反驳》（1963）

这本书是对上述两部著作内容的延续，扩展了证伪主义原则，并将它应用于科学哲学与政治哲学。

第五章　萨特与20世纪存在主义运动

——他人即地狱。

让－保罗·萨特（1905—1980）是位哲学家，他的著作在讲英语的国家里界定了20世纪的存在主义运动。

世人对存在主义者的印象是，住在咖啡馆，烟瘾很大，戴着贝雷帽，非常聪明。这样的形象就是萨特。他在作品中研究的主题（尤其是个人存在、人类自由以及缺乏客观价值的重要性）都属于存在主义。

萨特出生在家境良好的中产阶级家庭里。但是，他童年过得并不开心。他是由外祖父卡尔·史怀哲抚养长大的——卡尔非常严厉、霸道。萨特才1岁时，父亲就去世了。萨特相貌平平、身材矮小，眼睛患过疾病，导致他总是像在斜视。他儿时的玩伴很少，大部分时间都在外祖父的图书室里看书、写字。萨特和母亲之间的关系很特殊。她非常纵容萨特，给他穿华丽的服饰，让他的头发留长，一直到后来遭到外祖父的强烈反对。

然而，尽管萨特儿时的生活并不美好，还是早就有迹象表明他非常聪明。用他的原话说，自己就是个神童（虽然不太会拼写单词）。当然，我们现在知道这个神童后来成为20世纪知名的知识分子之一。萨特取得的成就非常广泛。他不但是了不起的哲学家，而且还是一流的小说家、剧作家、传记作者。1964年，他获得了诺贝尔文学奖，却被他婉拒了，称自己不想“被改造成公共机构式的人”。

萨特（1905—1980）

存在与虚无

有人可能会问：“萨特的童年经历是否决定了他成年后的生活？”这是因为萨特是完美至上的自由哲学家，他认为人们并非注定会过上过往经历所决定的生活，至少不会这么简单。世人普遍认为萨特属于激进的人道主义者，关注个人选择自身生活以及所支持道德观的需求。虽然这一观点有一定道理，但是真正的萨特哲学却要比上面想象得更奇特。

这里的奇特之处还表现在萨特将意识与人类主体概念化的方式。他在重要的存在主义著作《存在与虚无》中将存在划分为两大主要领域：作为意识的自为存在，意识以外的自在存在。他指出，自为存在的特征是虚无。也就是说，虚无处于存在的核心。他这样说是什么意思呢？简单来说，他是指不存在人的本质。意识永远与既定的事物顺序相分离。它是一种纯净、虚无的可能性，自由就存在于意识中。

这一观点相对比较复杂。可以从萨特对否定概念的处理入手来理解这方面内容。这涉及想象力。一系列倾向表明，自为可以向它所指向的对象发展。或许最重要的是自为超越既定现实，并实现未来各种可能的能力——想象可能出现的情形。从这个意义上来讲，自为的自由在于永久的可能性，即事物很可能会是别的样子。人们发现这种自由并不容易接受。他们认识到未来总是存在可疑之处后，就会感到痛苦。萨特指出，人们为了逃避痛苦，便采取了言而无信的策略。也就是说，他们在努力否认必然享有的自由。

言而无信

有几个非常著名的例子可以说明这一点。萨特请大家想象一对男女之间的交往，女的知道男的想诱惑自己。男的拉着女的手，而女的假装没有注意到他的想法，并没有考虑要接受还是拒绝他，只是任由他拉着自己的手，并不主动。这样一来，她似乎通过否定主观性，避免了选择的需要。第二个例子主要涉及过分热心的咖啡店服务生。他对客人的关心有些过度了。萨特认为，服务生这样做是为了完全融入服务角色，从而让外人认为他的一切言行都是由服务生的身份来决定的。当然，萨特认为，现实完全不同。服务生选择了这份职业，而且每次都会做出同样的选择，是因为他具有对他所追求的服务生身份的认同感。

人们在考虑道德问题时也会出现言而无信的现象。举个例子，人们在道德问题上态度严厉，想以此逃避自由。也就是说，他们可能会让自身行为完全受制于道德准则："我很想帮你，却不能这样做，因为这样做是错的。"当然，萨特认为，这样做太强调合理化了。他在著名的《存在主义是一种人道主义》一书中提到了一个年轻男子。这名男子不知道自己是应该加入自由法国军队，去抵制德国人，还是应该留在家里照顾母亲。他表示在这种情况下很难找到明确的行动指南。比如，基督教伦理并没有告诉信徒该如何在为国而战这一一般目标和照顾个人生活这一具体目标之间做出选择。萨特总结说，很有可能个人做出的道德选择属于自己，而且只属于自己，因此人们需要对其负全部责任。人们只能在充分认识自由选择的基础上做出实际选择。

然而，虽然自为必定是自由的，但是这并不是说人们是在凭空做选择，而是会根据具体情形（举个例子，有个小偷持有刀具）以及现实生活进行决策。现实在这里指的是在某个时间点无法改变的个体特征——比如年龄、性别以及遗传倾向。选择具有一定的背景，因此意识自由并非指人们随时都可以想干什么就干什么。

在这个问题上，自我发挥的作用以及它与人类自由之间的关系（萨特的《论自我的超越性》一书中首次对自我正式进行了讨论）比较有趣。萨特否认个体具有基本自我。的确，人们之所以认为他的哲学思想属于存在主义学派，是因为他声称存在先于本质。人首先存在，随后出现的自我是基于经历和行为的重新构建。一般而言，自我可以改变，也可以重现。然而，事实上，选择与自我的基础属性不相称的行动方案并不容易。因此，自我会在一定程度上限制属于自为的自由。

这本书在探讨萨特的这些观点时，主要关注的是他所提出的自由观的哲学基础。因此，他的哲学思想看似几乎完全与个体有关。这属于一种误解。我们完全可以从不同的角度去审视萨特的作品（比如，他晚期的作品《辩证理性批判》），然后呈现出完全不同的画面。萨特对左翼政治的投入、对社会团体动力学的兴趣，以及他所生活的年代（充满了政治与社会动荡），都意味着他的晚期作品必将超越他早期作品的关注度。事实上，到了20世纪60年代，随着结构主义在欧洲大陆的普及，以及后结构主义与后现代主义的出现，萨特早期的存在主义哲学几乎变得声名狼藉。

然而，学术界的“时尚”始终在不断变化。目前，世人又重新对萨特的著作产生了兴趣。当然，萨特一直都深得法国人民的人心，一直到他1980年去世。他的葬礼在巴黎举行，有两万多人去参加了葬礼。当时，人非常多，等萨特的伴侣西蒙娜·德·波伏瓦到达墓地时被团团围住了。至今，仍然会有人去他的墓地表达敬意。伴侣波伏瓦去世后和他合葬于此。

主要著作

《论自我的超越性》（1936）

这本书对自我展开了现象学阐述，认为自我属于思维产物，而非个体行为与性格不可分割的源头。

《恶心》（1938）

这本书或许堪称萨特最重要的存在主义小说作品。本书通过主人公安托万·洛根丁记录在日记本中的个人经历，探究了存在偶然性的哲学意蕴。

《情感理论梗概》（1939）

传统观念认为情感大体上无法选择。与传统观念不同，这本书认为，情感是为了转变人对外界的体验而积极构建的。

《存在与虚无》（1943）

萨特的这部重要著作主要分析了自为存在（或者称之为“意识”）。它对痛苦、言而无信、严肃精神、为他人存在以及存在主义的其他核心内容进行了开创性讨论。

《存在主义是一种人道主义》（1948）

这本书非常受欢迎，萨特在其中针对存在主义的一些批判意见进行了辩护，还对“放纵”以及客观道德领域的缺乏进行了探讨。

《辩证理性批判》（1960）

这是马克思主义对存在主义的巨大改造。这本书一改以往存在主义对激进自由的强调，而是重点关注人类选择的历史与社会制约因素。

第六章　艾耶尔与英国经验主义

——大部分传统“哲学”都不能判断真伪，都是无意义的。

阿尔弗雷德·朱尔斯·艾耶尔（1910—1989）是与洛克、贝克莱和休谟同属于一个流派的英国传统经验主义哲学家。他在英语国家推广逻辑实证主义的过程中做出了重大贡献。

大千世界有很多值得思考的问题，比如，捡起一只谁也没有发现的蜗牛，然后离开。成为原创哲学家并不容易。人类已经对四大问题思考了将近2500年，当然主要是由世界上非常睿智的人完成的。要想改变哲学范式非常难。因此，要想搞清楚艾耶尔曲折的哲学发展历程有点儿难。据说，艾耶尔非常有才华，但是算不上原创思想家，他将其他人的观点引入了讲英语的国家，他非常善于整合他人的思想。尽管如此，他仍然是20世纪伟大的哲学家之一。他继承了英国经验主义传统，这一高贵传统可以追溯到洛克、贝克莱和休谟，一直延续到当代。或许从这一思路入手研究艾耶尔的哲学思想会更

艾耶尔（1910—1989）

加顺畅。本书采用的正是这种方法。

艾耶尔出生在伦敦，父亲是朱尔斯·艾耶尔，17岁时从瑞士来到英格兰。母亲是雷内·希特瓦扬（Citroën），她的叔叔创建的汽车公司雪铁龙就是以该姓氏命名的。艾耶尔是家里的独生子，年幼时期性格有些孤僻，后来去伊顿公学上学后变得稍微开朗了一些，在牛津大学基督教堂学院就读期间变得非常外向。他在那里学习了历史与哲学，并在导师——著名哲学家吉尔伯特·赖尔的建议下，去维也纳交流了一学年，参加了维也纳学派的各种会议。在这期间，他创作了《语言、真理与逻辑》一书，尽管内容简短，却是20世纪杰出的著作之一。

1940年，他被征召参加威尔士卫队，因此中断了牛津大学的研究讲师工作。后来，他开始从事情报工作，包括审讯德国战俘。他和第一任妻子在“二战”时离婚了。有一段时间，他的私生活比较混乱，找过一些性伴侣，后来又结了两次婚。他的人际关系也相当复杂。

“二战”后，他成为伦敦大学学院的逻辑与精神哲学讲座教授。在他的带领下，哲学系成为举办各种激烈哲学活动的中心。据说，他非常适应伦敦的生活，尤其是那里的夜生活。在伦敦大学学院工作13年后，尽管存在些许争议，艾耶尔还是成功地当选为牛津大学的逻辑学讲座教授，并在那里一直工作到 1979 年。退休后，他在哲学界、政界以及社会上仍然相当活跃。

有关艾耶尔濒死体验的讨论已经很多了。当时，他的心跳突然停止了几分钟，紧接着又苏醒了过来。据说，他看到了掌控宇宙的红光，见到了掌管时空的牧师，甚至还有可能到达了冥河。至于艾耶尔是否重视这些不得而知。身为人道主义者和自由思想家，经历濒死体验后，他自称“重生的无神论者”。

《语言、真理与逻辑》一书出版时，艾耶尔 24 岁。他坦白地讲，这本书“是年轻人的作品……其创作过程要比大多数哲学家融入更多的激情”。这本书思想前卫，这也是它吸引人的重要方面。艾耶尔在书中声称形而上学没什么用，阐述了意义与真理的本质，将伦理学要求归结为情感表达，证实了有神论的荒谬之处，解决了归纳问题，谈到了自我与客观世界问题，并提出了哲学的真实目标与目的。这么多内容共用了 150 页多一点，相当可以。

事实与想法

《语言、真理与逻辑》的核心内容是用于决定命题是否有意义或是否重要的一条原理，结论部分也源自这条原理。艾耶尔继承了休谟与维也纳学派的逻辑实证主义思想，区分了两种真命题。用休谟给出的术语来说，这一区别在于观念关系与事实。前者是数学与逻辑学的必然命题，后者是经验命题，其真伪取决于世界的本来面目。除此之外，还存在其他一些命题——其按照符号惯例或世界的本质无法判断真伪。艾耶尔和休谟一样，认为这类命题属于伪命题。不过，他还进一步解释了一些命题为什么有意义，另一些为什么无意义。

重言式和数学与逻辑学陈述的有趣之处在于其自身因素，但是哲学行为显然关注的是经验命题与伪命题之间的区别。艾耶尔认为，证实原则应该成为我们的行动指南。他写道：

> 人们用来检验事实陈述真伪的标准是可验证性。当且仅当人们知道该如何证实某句话表达的命题时，才可以说这句话对任何人而言都有意义。也就是说，前提是人们知道在一定条件下，根据哪些观察结果可以判断命题是真是假。

这条原理也存在附加条件。艾耶尔区分了实际可验证性与原则上的验证。他在伊顿公学上学期间，“月亮的远端犹如山一般巨大”这一命题或许不可证实。但是，它在原则上属于可证实命题。确定该命题真伪所需的观察结果很清楚，只不过实际情况下无法操作。尽管如此，艾耶尔指出，这句话仍然有意义，因为它从原则上可以被证实。

艾耶尔还区分了弱可证实性与强可证实性。维也纳学派支持强可证实性，认为只有结论性的可证实性才有意义。而艾耶尔支持的弱可证实性认为，只要让某一陈述成为可能的观察结果存在就足够了。艾耶尔以弱可证实性来规避陈述过去事实的命题与一般理论命题存在的难题。这些命题或许永远都无法得到最终证实，但是通过观察有助于引导人们对它们形成初步的真伪观。艾耶尔认为，这就足以将它们与无意义的命题区分开来。

超验形而上学产生的影响非常巨大。什么样的感觉经验能够证实独立于经验的事物的内在本质认识呢？艾耶尔认为：

> 人们认为，有关超越所有感觉经验之上的“现实”的说法都不可能具有实际意义。从这一点来看，曾坚持不懈地描述上述现实的那些人纯粹是在做无用功。

形而上学者的认识很有可能是虚假的，但问题并不在于此，而是在于他们的观点无法证实，因此毫无意义。由于有神论者的观点属于形而上学，因此它们也不具有实际意义。几乎任何观察结果都无法确定以下这句话为真的概率：“耶稣是你的救世主。”

BBC电视节目《智囊团》项目专题讨论小组成员，包括艾耶尔、诗人史蒂维·史密斯和节目负责人、作家罗伯特·凯。

艾耶尔在谈及价值表述、规范的伦理与审美主张时，态度相对温和。举个例子，“偷钱是不对的”，这句话缺乏实证结果，因此其真伪无法证实。艾耶尔认为，这类表述只是在表达说话人的意见。因此，如果我说“偷钱是不对的”，“就相当于我写了一句话：‘偷钱！’——根据惯例，这句话中的感叹号表达了一种特殊的道德偏见”。

一些人认为，伦理话语中的情绪主义理论（所谓的“嘘！好哇！”理论）忽略了道德的重要方面，尤其是当人们思考道德难题或者两个人就某些道德主张意见不同时出现的情况。针对后一种情况，艾耶尔认为，道德争论主要在于事实分歧，通过争论说服其中一方对事实做出情感回应。

关于艾耶尔的观点还存在其他异议，最大的异议在于可证实性原理。“可证实性”究竟指的是什么，这个问题非常复杂，就连艾耶尔为了解释清楚也煞费苦心。即便到了最后，他还是写道：“不得不承认，我对这个问题的解释并不尽如人意。”尽管如此，我们仍然要感谢艾耶尔对这个概念的清晰说明。也有人指出，可证实性原则表明原则本身就是无意义的。艾耶尔认为自己在为意义下定义或者做分析，这与给形而上学、宗教等制定不同定义同等重要。

《语言、真理与逻辑》当然不是艾耶尔哲学历程的最终成就。他还出版了大量其他重要著作，大部分都与他 20 多岁时研究过的问题相关。《经验知识的基础》指出，感觉材料，也就是外界与内心认识的直接材料，必然是认识经验世界的基础。《知识的问题》模仿柏拉图的台词揭示了知识：如果某一命题是真的，那么人类主体才能理解该命题；人类主体对它很有把握，也有权肯定它。如果想了解哲学怀疑主义以及其解决办法，那么这本书就是不错的选择。除了上述很多著作以外，在各式各样的形而上学与认识论文章集中都会看到艾耶尔的文章。他的文章通常在作品集的开头部分，为的就是引导读者思考目前存在的问题。另外，要想理解当代哲学的大部分思想，首先就需要艾耶尔清晰的思路作为指引。

主要著作

《语言、真理与逻辑》（1936）

本书让艾耶尔一举成名，书中概述了他对可证实性原理的看法。这本书为他提供了极大的发挥空间，表明了他在形而上学、真理、伦理学、宗教、自我以及哲学宗旨等方面的立场。

《经验知识的基础》（1940）

这本书概括了艾耶尔的早期思想，后来经过了大幅度修改，其中对物理对象的探讨可以转化为对真实感官内容与可能感官内容的探讨。

《知识的问题》（1956）

这本书探讨了归纳问题，并从人类主体对某一命题的把握角度进行了知识分析。

《哲学的中心问题》（1973）

这本书适合初学者和高年级学生阅读，其中不仅介绍了哲学问题，而且论证了艾耶尔本人的观点。

第七章　福柯：思想系统的历史学家

——凡是想理解 20 世纪后期现代性的人，都需要先了解福柯。

米歇尔·福柯（1926—1984）不仅对哲学界，而且对整个人文社会科学都产生了深远影响。他以对各种社会制度的批判著称，其中最有名的是精神病学、医学以及监狱制度。

英国哲学家泰德·洪德里奇曾经这样评价 20 世纪晚期的法国哲学，“它渴求文学性与艺术性的环境”，它“只要发现某种思想，就会接纳它，很有可能会把它用在附近的砖墙或者当地的悬崖之上，诸如此类”。洪德里奇所描述的情况有很多例子。雅克·德里达在《论文字学》中这样定义“符号”：“符号就是唯一命错名的事物，它逃避了哲学的创始性问题：‘……是什么？’”

没错，这里是故意把文字删掉的。意思是被删掉的文字不足以表达它们的原本意义，但是又没有更好的词来代替，因此便把它们删掉了。大卫·雷曼在解构主义著作《时代标识》中谈及了这一手法，哪知它很快就变成了一种令人讨厌的矫揉造作。很多人都认同他的看法。

福柯（1926—1984）

幸运的是，并非所有现代法国哲学都如此晦涩难懂。米歇尔·福柯的作品就是个很好的例子。相比潘恩和穆勒，哲学家福柯的著作算是比较难理解的。但是，他的著作充其量和克尔恺郭尔一样难理解，比黑格尔容易理解得多。他的著作还有个特点，那就是它就权力、知识与主观性提出了一些有趣的原创观点。

1926 年 10 月 15 日，福柯出生在法国普瓦捷，是安妮·马拉派尔和保罗·福柯的第二个孩子。父亲是当地有名的外科医生，也是解剖学教授。他希望福柯长大以后也当医生。然而，事实证明福柯所受的家庭影响并没有预期的那么大。他在一次采访中表示，自己对未来的雄心主要受到他在“二战”期间的经历影响。因此，1946 年，他考上了法国巴黎高等师范学院，1951 年毕业时获得哲学与心理学学位。随后，他去国外待了几年（据一些评论家称，当时他为的是避开法国文化中保守的性道德），曾经在瑞典、波兰以及德国教学，1960 年才回到法国，在克莱蒙费朗大学的哲学系任教。

从那时起，福柯的学术声誉逐渐开始树立起来了。1961 年，他出版了第一部重大著作《疯癫与文明》，随后又出版了 8 本书，完成这些著作总共用了 20 年，包括《词与物》《知识考古学》《规训与惩罚》以及《性史》。

权力与自我

这些著作展示了福柯对20世纪晚期法国哲学新历程的描述。他综合运用哲学、历史、心理学以及社会学等领域的知识，希望展示权力与知识是如何相互作用创造出人类主体（即自我）的。他这样做是为了说明，人类是具有自知之明的主体，能够认识权力与话语，这就有必要重新审视权力概念，分析权力与知识之间的关联。

福柯认为，现代西方社会具有三种物化模式，这三种模式相互作用，构成了人类主体。它们分别是："区分实践""科学分类"，以及"主体化"。

区分实践通过将人与同类区分开来，使人客观化，依据的是以下差别，包括正常与非正常、理智与非理智，以及被允许与被禁止。借助区分实践可以把人划分为疯子、囚犯以及精神病人。这些分类赋予人类主体身份，人可以通过这些身份认识自己，并被他人认可。因此，福柯在《疯癫与文明》中分析了疯癫成为特定范畴人类行为的作用机制，这一机制使得将个人拘留在一些机构合法化。

科学分类模式是通过人与社会科学的话语与实践来实现的。举个例子，可以将精神疾病划分为美国精神病学会在《精神疾病诊断与统计手册》中列举的无数种类别。福柯在《临床医学的诞生》中说明了19世纪人类科学的出现是如何使得人体被当作可分析、标志并治愈的"客体"的，当今的现代医学也具有这一特征。

主体化与上述两种客观化模式稍有不同，因为它指出人们是如何积极将自身构建成主体的。这一观点贯穿福柯的《性史》始终。他在这本书中分析了自我理解欲望是如何使人们向自己和他人吐露内心深处的想法、感受以及欲望的。这必然会影响我们与权威人士的权力关系，比如，医生、精神病学家以及 21 世纪的电视制片人。这些人坚称能够理解我们的自白，并会揭示其中的真相。福柯认为，通过扩展这一自白过程，人们就会成为客体，既能够认识自身，又能被他人认识。此外，作为客体，他们也会懂得如何重新塑造并改变自身。他指出，这种现象是科技扩展的核心部分，即用于控制现代社会人的身体与人口的科技。

人类主体客观化的一般过程与权力性质的历史变化，以及人类与科学知识领域的相应发展相关，福柯用“权力 / 知识”来指代权力与知识的结合。他没有关注强制、镇压或者禁止，而是展示了权力是如何创造人类主体与知识的。他所提出的“生命权力”充分诠释了这一理念。

福柯指出，国家政权在 17 世纪开始渗透到人的一生。紧接着，工业资本主义的出现，使得劳动力的使用不再被当作消极力量，而是成为新的更有效的技术力量。这种力量非常富有成效，主要是为了改善人类生活。于是，国家开始关注人口增长与健康。福柯认为，生命权力的新政权开始占据了主导地位，这种政权是为了经营并管理人类物种或人口，控制人类身体。

福柯在《规训与惩罚》一书中指出，边沁的圆形监狱观点就是规训技术的一个典型例子。圆形监狱的构造就是为了发挥有效作用，不论监狱看守是否在场。囚犯无法得知是否有人在监视自己，因此他们必须严守纪律，就当一直在监视之下。这样一来，囚犯实际上就成了自己的看守。因此，福柯认为，圆形监狱将权力、知识、身体控制与空间控制整合成了一种综合规训技术。比监狱更广泛的社会也是如此。社会施展了最大权力，从而使得其子民，也就是人类主体在性行为、道德、身体以及心理常态的言行方面能够约束自己。

福柯对权力、人口与身体控制等问题的关注反映在他的政治活动中。他成年后，一直都对同性恋权利、监狱改革、心理健康以及难民福祉等问题非常感兴趣。不过，在这些问题上稍微有些自相矛盾，因为曾有人批判福柯的著作破坏了对解放政治的承诺。简言之，这句话的意思是福柯通过将权力提升至影响一切的高度，从而消除了仁慈甚至理性念头或干预的可能。举个例子，如果说科学精神病学通过采用抗精神病药物改善了“精神分裂症患者”的生活，那是因为它以控制病人为宗旨，而不是为了给病人寻求好结果。再举个例子，如果历史的真相在于权力作用，那么犹太人大屠杀是否发生过也就不是历史事实问题了，而是是否确立历史叙述支配地位的问题了。

批判福柯的许多人指责他的观点直接引发了真理与道德的相对主义。例如，帕特里克·韦斯特在《新政治家》中指出：

福柯哲学思想中普遍存在的主题是人际关系是由争取权力界定的。对或者错，真或者假，都是错觉，是语言的创造与统治意志……因此，根本不存在什么仁慈：人类创建了医院、学校与监狱，但是它们并不是为了治愈病人、教育学生或者改革，而是为了控制并主宰“他人”。启蒙运动的理性主义只不过是这一恶毒念头的掩饰。

上述批判意见当然有一定道理。确实，近年来，福柯等思想家产生的影响在逐渐减弱，因为人们认识到他们的虚无主义倾向有损于政治担当。尽管如此，即便可以抵制福柯哲学思想的激进内容，完全摒弃他的作品也是不对的。福柯的重要性在于他明确了权力的运作方式。也就是说，权力可以创造人的身体、人类主体与人口，并以不同方式对其进行考察、分类、管制与控制。

福柯一生似乎都在不断地尝试超越身体与文化界限。他用LSD（Lysergic acid diethylamide，麦角酸二乙基酰胺，一种致幻剂）做过实验，参观过加州的施虐受虐狂俱乐部，曾经不止一次试过自杀，而且还谈起自己被车撞倒后的快感。最后，他

米歇尔·福柯家里的写字台

死于与艾滋病相关的疾病。他原本以为这种病只存在于具体的话语与叙事背景下，没想到自己却成了它的首个牺牲品。

主要著作

《疯癫与文明》（1961）

这本书分析了现代心理学的起源，反对将“疯癫”与“精神病”当作自然范畴。福柯认为，这两种类别存在于各种制度、社会以及政治约束的交集。

《临床医学的诞生》（1963）

这是福柯第一部考古研究著作。书中说明了人类科学与医学科学出现后，人类是如何成为可以被分析、标志以及治疗的“客体”的。

《词与物》（1966）

书中对知识（也就是思想与知识体系）进行了复杂分析，该体系在任何时候都是各种社会科学研究的基础。书中指出，不同的时代会对语言与真理之间的关系有不同的理解。

《知识考古学》（1969）

这本书对考古学方法做了理论阐述。这也是福柯之前历史研究的基础。内容比较难理解，其中介绍了论述形构的新概念，“呈现了一系列话语事件以及其他系列事件、转变、突变以及进程之间的衔接原则”。

《规训与惩罚》（1975）

这本书研究了现代监狱的出现。更广泛地说，它研究了用来归类并控制人类主体的规训技术。

《性史》（共3卷，1976，1984，1984）

这三卷书标志着人类性行为的研究开端，福柯到离开人世都没能完成这项研究。它们是对福柯生命权力与生命政治学思想最成熟的表述。